Albrecht Gralle

Jesus starb in Berlin

Eine Nacherzählung
des Markusevangeliums,
als ob es hier und heute passiert wäre

Mit Zeichnungen von Cornelia Klein

Aussaat Verlag

© 1999 Aussaat Verlag
Verlagsgesellschaft des Erziehungsvereins mbH,
Neukirchen-Vluyn
Titelgestaltung: Hartmut Namislow
unter Verwendung eines Bildes von Cornelia Klein
Satz: DTP/Aussaat
Druck: Breklumer Druckerei Manfred Siegel KG
Printed in Germany
ISBN 3-7615-5057-X
Bestellnummer 155 057

1

Er trug ein Leinenhemd, Jeans und darüber einen alten Ledermantel aus den zwanziger Jahren. Er fuhr kein Auto, benutzte kein Telefon, besaß keinen Fernsehapparat und schlief dort, wo er gerade ein Bett fand. Er aß rohe Kartoffeln, Gemüse, ab und zu ein Ei, und trank meistens Wasser oder Milch. Er ging keiner geregelten Arbeit nach und hieß Johannes. Man sagte von ihm, daß er eine Zeitlang in einem Kloster gelebt habe.
Er zog durch Dörfer und Städte und sprach auf Marktplätzen, wenn ein Brunnen in der Nähe war, oder auf den Wiesen vor der Stadt. Und dort rief er den Leuten zu: „Macht Schluß mit eurem verkehrten Leben! Denkt nicht nur an euch selbst, sondern auch an die anderen und an Gott! Bedeutende Dinge kommen auf uns zu: Umwälzungen, Katastrophen, Veränderungen! Da kann man nicht so gedankenlos weiterleben. Bald kommt ein Mann, der alles verändern wird. Ich bin nur eine Art Vorprogramm. Der Mann, den ich euch ankündige, ist so bedeutend, daß ich es nicht einmal wagen würde, ihm die Schuhe zu putzen oder ihm meinen Regenschirm anzubieten!"
Anfangs wurde Johannes ausgelacht, man dachte, er sei verrückt. Und weil er immer einen Eimer Wasser bei sich hatte und die Leute damit taufte, wurde er „der Täufer" genannt.

Die Sache sprach sich schnell herum. Es gab Zeitungsartikel. Auch in der Tagesschau, in Heute und in den anderen Nachrichtensendungen konnte man ihn sehen und hören.
Immer mehr Leute strömten zusammen, wenn er irgendwo auftauchte, mal in München, in Hamburg, mal in Berlin, Rostock und Dresden oder auch in kleineren Ortschaften wie Gotha, Mölln, Ravensburg oder Northeim. Und diejenigen, die ihm glaubten, die übergoß er mit einem Eimer Wasser und rief ihnen zu: „Heute wird euer altes Leben weggespült."
Und dann sagte er noch: „Ich übergieße euch mit Wasser, aber der Mann, der nach mir kommt, wird euch mit heiligem Geist überschütten."
Johannes erklärte seinen Zuhörern: „Was ich hier mache, entspricht einer alten jüdischen Prophezeiung. Dort heißt es nämlich: Ich sende meinen Boten, der den Weg vorbereiten soll. In der Wüste ruft eine Stimme: Stellt euch darauf ein, daß der Herr zu euch kommt, und räumt alle Hindernisse aus dem Weg!"

Und tatsächlich: eines Tages kam der, den Johannes angekündigt hatte. Er hieß Jesus, seine Familie hatte einen jüdischen Hintergrund und stammte aus Kassel. Man wußte nicht so genau, ob er nun evangelisch oder katholisch war, weil er sich zu beiden Konfessionen hielt.
Die Begegnung zwischen Johannes und Jesus fand am Ufer der Donau statt, an einem trüben, regnerischen Tag.
Wie viele andere vor ihm wurde Jesus von Johannes mit Wasser übergossen. Und als das Wasser an ihm herunterlief, rissen die Wolken auf, eine Taube ließ sich auf seinem Kopf nieder, und einige, die dabei waren, behaupteten später, sie hätten eine Stimme gehört, die gesagt habe: „Du bist mein Sohn, über den ich mich freue."

Gleich danach war Jesus verschwunden. Es zog ihn in eine einsame Gegend, abseits von den großen Städten, wo man ihn nicht kannte. Ungefähr sechs Wochen versteckte er sich dort. Und wie er später seinen Freunden einmal sagte, überfiel ihn damals die Versuchung, seine Lebensbestimmung aufzugeben. Es passierten auch seltsame Dinge während dieser Zeit: Tiere, die sonst eher scheu sind, kamen aus dem Wald zu ihm und ließen sich von ihm streicheln. Und es tauchten Leute bei ihm auf und halfen ihm, diese Wochen durchzustehen. Sie kamen ihm vor wie Engel. Vielleicht waren es auch welche.

*

Als dann Johannes bei einem Verkehrsunfall ums Leben kam – davon wird später ausführlicher berichtet –, wagte sich Jesus an die Öffentlichkeit. Aber er ging nicht in die Großstädte, sondern zunächst auf die Dörfer und in die Kleinstädte, zu den Landwirten und Handwerkern. Er besuchte Kleinbetriebe, die ums Überleben kämpften, er ging zu den Leuten, die von Sozialhilfe lebten, und zu den sogenannten hoffnungslosen Fällen. Und er erzählte ihnen, daß Gott auf jeden Fall auf ihrer Seite steht und weiß, wie schwer sie es haben. Weiter sagte er: „Die Zeit ist reif, es stehen große Veränderungen an, die nicht einfach sein werden, aber Gott ist euch in dieser Zeit ganz nahe. Also: Seid bereit und laßt euch von ihm helfen."

Als er einmal unterwegs war, traf er auf einen Mann namens Simon und auf dessen Schwester Andrea. Die wollten gerade mit der Mähmaschine losfahren. Da sagte Jesus: „Los! Kommt mit mir! Ich brauche euch für eine ganz andere Ernte."
Da kletterten sie von der Maschine herunter, ließen sie stehen und kamen mit.

Als er weiterging, sah er die beiden Geschwister Jakob und Hannah. Sie waren gerade dabei, die Wand an einer Scheune auszubessern. Der Vater der beiden und zwei Lehrlinge kamen gerade aus dem Stall. Und Jesus rief Jakob und Hannah auch zu sich. Da ließen sie ihren Vater mit den Lehrlingen stehen, verließen den Hof und gingen mit.

*

An einem Sonntagmorgen kamen sie durch Lindau am Bodensee und gingen in den Gottesdienst. Jesus meldete sich bei den Abkündigungen zu Wort und erzählte von Gottes Liebe und davon, daß grundlegende Änderungen anstünden. Und die Leute in der Kirche saßen da, vergaßen die Zeit und ließen ihre Sonntagsbraten anbrennen.
Alle staunten über seine Rede, denn was er sagte, erreichte sie direkt und unmittelbar. Man spürte Kraft hinter seinen Worten. Und das war etwas vollkommen anderes als die Predigten der Pfarrer oder die Reden der Politiker.
Besonders deutlich wurde das, als gegen Ende des Gottesdienstes ein Verrückter herumschrie: „Aufhören! Schluß! Was willst du von uns, Jesus, du dahergelaufener Jude? Bist du gekommen, um uns fertigzumachen? Ich weiß genau, wer du bist! Du kommst von Gott. Aber mit Gott wollen wir nichts zu tun haben!"
Da sagte Jesus laut und deutlich zu dem Mann: „Ruhe! Sei friedlich! Ich will, daß diese Verrücktheit jetzt verschwindet und du wieder ein gesunder Mensch bist."
Zunächst sah es so aus, als ob die Sache schlimmer wurde, denn der Mann schwankte hin und her, tobte und schrie. Aber dann wurde er ruhig und konnte ganz vernünftig reden. Da wunderten sich alle und sagten: „Das ist ja sagenhaft! Endlich jemand, der keine leeren Worte macht! Wenn der

redet, dann passiert etwas. Die Wahnsinnigen kommen bei ihm ohne Medikamente zur Ruhe nur durch ein paar Worte von ihm. Fantastisch!"
Überall wurde von ihm erzählt, und es kamen in den folgenden Wochen Fernsehteams nicht nur aus Deutschland, sondern auch aus Österreich, der Schweiz, aus Frankreich, Schweden, Polen, aus der Tschechischen Republik, aus England und aus den USA.

*

Aber zurück zu unserer Geschichte. Sobald Jesus die Kirche in Lindau verlassen hatte, machte er einen Besuch auf dem Hof von Andrea und Simon, um die Familie kennenzulernen. Auch Jakob und Hannah kamen mit.
Simons Schwiegermutter lag im Bett und hatte Fieber, das trotz Penicillin nicht zurückging. Kein Wunder, es war ja auch auf dem Hof alles durcheinandergeraten, seitdem die Geschwister ausgestiegen waren.
Jesus ging in das Schlafzimmer der kranken Frau, nahm ihre Hand und richtete sie wieder auf. Das Fieber verschwand. Von da an war Simons Schwiegermutter wie verwandelt. Jetzt war sie nicht mehr sauer auf Jesus, weil er ihr die Kinder weggenommen hatte, sondern wollte ihm etwas Gutes tun und kochte für alle ein wunderbares Essen.
Nachdem sich das alles herumgesprochen hatte, brachte man am selben Abend noch eine Menge kranker Menschen und Tiere zu ihm. Viele Leute, die an unheilbaren Krankheiten litten, verließen, ohne Bescheid zu sagen, die Krankenhäuser und Privatkliniken. Es gab ein großes Durcheinander auf Simons Hof. Menschen stöhnten, Tiere brüllten, und man trat sich gegenseitig auf die Füße.
Aber Jesus nahm sich Zeit und heilte viele. Obwohl ein

großes Gedränge herrschte, gab es kein Chaos. Und diejenigen, die gegen Jesus etwas hatten, kamen nicht zu Wort.
Jesus kam kaum zum Schlafen in dieser Nacht. Und trotzdem erhob er sich schon nach ein paar Stunden und ging weg, an eine einsame Stelle, als gerade die Sterne verblaßten, denn er wollte allein sein und beten.
Simon und die anderen, die ihn morgens überall suchten, fanden ihn schließlich in seinem Versteck und sagten zu ihm: „Wie kannst du dich jetzt nur verstecken? Alle suchen dich!" Aber er sagte zu ihnen: „Laßt uns anderswohin gehen, in die Nachbardörfer und Städte, damit ich den Leuten auch von Gott und von dem, was er vorhat, erzähle. Denn dafür bin ich doch da!"
Und so zogen sie weiter, manchmal zu Fuß, manchmal mit dem Bus und der Bahn oder per Anhalter. Er redete zu den Leuten in den Parks, in den Kirchen, auf Spielplätzen, Bushaltestellen und Freibädern. Und überall, wo er hinkam, heilte er Kranke.

*

Eines Tages kam ein Krebskranker zu ihm, der nur noch ein paar Monate zu leben hatte, und bat ihn verzweifelt: „Wenn Sie wollen, können Sie mich heilen." Da streckte er voller Mitgefühl seine Hand aus, berührte ihn leicht und sagte: „Ja, ich will, daß Sie gesund werden."
Die Krankheit kam tatsächlich zum Stillstand. Der Mann erholte sich rasch und war nach ein paar Wochen gesund.
Bevor ihn Jesus verabschiedete, redete er ihm ins Gewissen und sagte: „Wenn Sie gesund geworden sind, dann erzählen Sie es bloß nicht überall herum! Gehen Sie zu Ihrem Arzt, lassen Sie sich die Heilung bestätigen und danken Sie Gott dafür."

Aber der Mann kümmerte sich nicht darum. Er konnte es einfach nicht für sich behalten und erzählte überall von seiner Heilung, so daß Jesus kaum noch eine Stadt betreten konnte, weil ihn alle sehen wollten.
Er hielt sich nur noch an einsamen Stellen auf. Aber das nützte ihm nichts. Die Leute fanden ihn doch und kamen von überall her zu ihm.

2

In Lindau hatte Jesus von einem Freund ein Haus zur Verfügung gestellt bekommen, das er aufsuchen konnte, wann immer er wollte. Dorthin kehrte er ein paar Wochen später zurück.
Als es sich nun herumsprach, daß Jesus wiedergekommen sei, strömten viele Leute zusammen und belagerten das Haus, so daß man nicht einmal mehr hineinkommen konnte. Aber er ließ sich davon nicht stören und erzählte den Leuten, die sich um ihn drängten, stundenlang von Gottes Absichten und Plänen, und man gewann den Eindruck, daß Jesus Gott persönlich kennen mußte.
Da kamen ein paar Leute den Weg herauf, die einen Gelähmten im Rollstuhl vor sich herschoben. Sie waren zu viert. Aber sie konnten einfach nicht zur Tür hinein, weil alle dichtgedrängt standen und keiner Lust hatte, sie durchzulassen.
„Wartet, bis Jesus mit Reden fertig ist", hieß es.
So lange wollten die Freunde des Gelähmten aber nicht warten. Sie waren von weither gekommen und hatten Angst, daß für die Heilung keine Zeit mehr blieb. Also gingen sie um das Haus herum, hebelten das Kellerfenster aus, ließen den Gelähmten vorsichtig hinab und trugen ihn die Kellertreppe hinauf, die in den Flur führte. Da ließ man sie

schließlich doch noch ins Wohnzimmer hinein. Und sie legten den Gelähmten direkt vor Jesus auf den Teppich. Als nun Jesus von dem Weg über den Keller erfuhr und das große Vertrauen der Freunde und Freundinnen des Gelähmten sah, sagte er zu ihm: „Ich vergebe Ihnen Ihre Schuld und alles, was Sie jemals in Ihrem Leben falsch gemacht haben."
Ein paar Pastoren und der kirchliche Sektenbeauftragte, die weiter hinten auf der Couch saßen, dachten bei sich: „Das gibt's doch nicht! Das ist ja ein starkes Stück! So direkt kann man einem doch nicht alle Schuld erlassen. Ja, wenn er wenigstens gesagt hätte: im Namen des Vaters, des Sohnes und des Heiligen Geistes! Aber einfach so? Er tut gerade so, als sei er Gott persönlich. Nein! Das geht zu weit!"
Jesus, der genau spürte, was sie dachten, redete sie an: „Ich habe schon gemerkt, was Sie sich für Gedanken machen, aber ich frage Sie: Was ist einfacher, wenn ich zu dem Gelähmten sage, daß ihm alles vergeben sei oder daß er aufstehen und gesund sein soll? Damit Sie aber sehen, daß Gott mir das Recht gegeben hat, beides zu tun, sage ich jetzt auch das andere ..."
Und er wandte sich wieder an den Gelähmten und sagte: „Ich will jetzt, daß Sie aufstehen, nach draußen gehen und Ihren Rollstuhl selber nach Hause schieben."
Und der Mann stand tatsächlich auf, drängte sich nach draußen und schob danach seinen Rollstuhl vor sich her.
Daraufhin kam Bewegung in die Leute. Einige klatschten laut Beifall, anderen blieb der Mund offenstehen, und alle meinten hinterher: „So etwas haben wir noch nie gesehen!"

*

Als Jesus einmal auf einer Freilichtbühne vor vielen Leuten gesprochen hatte, sah er nach der Veranstaltung einen

Mann, den jeder in der Gegend kannte. Er hatte nämlich wegen Steuerhinterziehung im Gefängnis gesessen, und man vermutete, daß er wieder bei einer undurchsichtigen Geldgeschichte seine Finger im Spiel hatte. Er hieß Levi Alfas und kam ursprünglich aus dem Libanon.

Jesus blieb stehen und sagte zu ihm: „Kommen Sie mit mir." Und er ging tatsächlich mit ihm und wurde einer seiner Anhänger.

Levi gab daraufhin eine Party und lud außer Jesus und seinen Anhängern alle seine Freunde und Bekannten ein, also Leute, die nicht gerade einen guten Ruf hatten. Auch ein paar Damen aus dem Rotlichtmilieu waren dabei.

Als nun die Honoratioren der Stadt, die Jesus bei seiner Großveranstaltung so bewundert hatten, und die Geistlichen und Kirchenvorstände das mitbekamen, liefen die Telefone heiß, und die Anhänger von Jesus bekamen einiges zu hören.

Als Jesus von dem Unmut hörte, ging er direkt auf diese Leute zu und versuchte ihnen sein Verhalten begreiflich zu machen. Er sagte nämlich: „Nicht die Gesunden brauchen den Arzt, sondern die Kranken. Ich bin nicht in eure Stadt gekommen, um die Gerechten zu bitten, ein neues Leben anzufangen, sondern die, die eine dunkle Vergangenheit haben und sich dabei nicht wohl fühlen, denen will ich helfen."

*

Als die Anhänger von Johannes und einige andere fromme Leute in der Zeit vor Ostern wieder einmal die Fastenaktion „Sechs Wochen ohne" durchführten, um sich auf die Karwoche intensiver einstellen zu können, kamen einige Leute zu Jesus und fragten ihn: „Warum führen die Anhänger des Johannes und andere Fromme solche beeindruckenden Fastenaktionen durch – und deine Anhänger kümmern sich nicht darum, sondern essen und trinken ungerührt weiter und lassen es an Solidarität fehlen?"

Jesus antwortete ihnen: „Überlegt doch! Habt ihr schon einmal gesehen, daß man auf einer Hochzeit fastet, wenn der Bräutigam und die Braut fröhlich an der Tafel sitzen und es sich schmecken lassen? Das wäre doch eine Beleidigung! Solange das Hochzeitspaar anwesend ist, kann man doch nicht fasten. Das ist doch klar. Aber es werden Zeiten kommen, wo der Bräutigam fehlen wird, dann werden dieselben Gäste fasten, wenn es soweit ist. Da gibt es dann keinen Grund mehr zum Feiern.

Und es gibt noch ein paar andere Gründe, warum meine Anhänger zur Zeit so fröhlich sind und sich nicht um religiöse Bräuche und Traditionen kümmern, die sonst durchaus sinnvoll sind. Es geht ihnen so wie bei einer Änderungsschneiderei: Da wird doch niemand ein nagelneues Stück Stoff, das noch nie gewaschen wurde, zum Ausbessern verwenden. Jeder weiß doch, daß sich bei der nächsten Wäsche oder beim nächsten Regen das neue Stück zusammenzieht und der Riß darunter größer wird als vorher.

Und neuen Wein, der noch gärt, füllt man doch nicht in feste Flaschen und verschließt sie gleich. Sonst zerplatzen sie nur. Neuen Wein muß man in offenen Gefäßen halten, die einen lockeren Verschluß haben. Also, ihr seht schon, es ist nicht immer gut, wenn man Altes und Neues mit aller Gewalt zusammenhalten will oder wenn man das Neue sofort in feste Formen preßt. Es gibt Zeiten, da nützt es nichts, das Alte nur ausbessern zu wollen, manchmal muß man ganz neu durchstarten, und wir haben jetzt so eine Zeit."

*

Eines Tages war Jesus am Samstagabend mit seinen Jüngern noch lange aufgeblieben. Sie waren danach so müde, daß sie den Gottesdienst am Sonntagmorgen verschliefen. Und weil sie ohnehin zu spät dran waren, halfen sie statt dessen einer Frau, die gegenüber der Kirche stand und nicht weiterwußte. Ihr Wagen hatte nämlich einen Platten, und sie mußte dringend weiterfahren, weil sie erwartet wurde.

Als die Gottesdienstbesucher aus der Kirche kamen und sahen, wie die Freunde von Jesus am Sonntagmorgen an einem Auto herumbastelten, ärgerten sie sich und sagten zu Jesus: „Finden Sie das etwa in Ordnung, was Ihre Freunde da tun?"

Aber Jesus sagte nur: „Kennt ihr denn nicht die Bibel? Da wird zum Beispiel erzählt, daß David und seine Leute die heiligen Brote aßen, die sonst nur für den Gottesdienst bestimmt waren und die nur die Priester essen durften, und David erlaubte das, weil sie alle Hunger hatten. Er hat sozusagen die heilige Ordnung umgestoßen, um dadurch sich und seinen Leuten zu helfen."

Und Jesus fügte noch hinzu: „Der Sonntag und die Ordnungen Gottes sind für den Menschen da und nicht der Mensch für die Ordnungen. Und deshalb können meine Freunde und ich auch selbst beurteilen, was am Sonntag gut für uns ist und was nicht."

3

Einmal wurde Jesus zu einem Krankenhausgottesdienst eingeladen. Und da waren natürlich auch Kranke dabei, Ärzte und Pflegepersonal. Man hatte sogar jemanden gebeten, seine Videokamera mitzubringen und den Gottesdienst aufzunehmen. Ein Mann mit einer gelähmten Hand saß unter den Zuhörern, aber auch Vertreter von Kirchen, Freikirchen und frommen Gruppen waren gekommen, denen das, was Jesus redete und tat, irgendwie suspekt war. Sie hatten Jesus eingeladen, um zu sehen, ob er sich getrauen würde, vor allen Ärzten eine Krankenheilung durchzuführen, mitten im Krankenhaus. Und sie hofften dabei, daß es zu Komplikationen und Kompetenzgerangel käme.

Nach einer kurzen Predigt redete nun Jesus, wie die Veranstalter gehofft hatten, den Mann mit der gelähmten Hand an und sagte zu ihm: „Kommen Sie doch mal zu mir nach vorn."

Der Mann zögerte erst, aber dann kam er und stellte sich neben Jesus hin. Seine kranke Hand versteckte er hinter dem Rücken.

Jesus aber schaute zunächst die Anwesenden an und sagte: „Ich möchte Ihnen eine Frage stellen: Was meinen Sie, wie sollte man sich in einem Krankenhaus verhalten? Sollte man möglichst cool und unbeteiligt bleiben bei all den Kranken

um einen herum oder lieber Mitleid haben und alles daransetzen, ihnen zu helfen? Sollte man die Leute lieber krank lassen oder sie heilen? Was meinen Sie?"
Aber keiner von den Anwesenden sagte ein Wort, sie blieben alle stumm und wußten nicht, was man auf so eine klare Frage antworten sollte. Man konnte doch schlecht sagen: „In einem Krankenhaus dürfen Leute nicht geheilt werden." Also blieben alle still.
Da schaute sie Jesus lange an, und Zorn stieg in ihm auf, daß sie so herzlos waren, aber dann wurde sein Blick traurig, daß es vielen nicht um die kranken Menschen ging, sondern daß sie nur an ihre eigenen Angelegenheiten denken konnten und ihnen die Liebe fehlte. Schließlich sagte er zu dem Mann, der neben ihm stand: „Sie brauchen Ihre Krankheit nicht mehr zu verstecken. Strecken Sie jetzt Ihre Hand aus und zeigen Sie sie her."
Zuerst sah man, wie der Mann mit sich kämpfte, ob er wirklich seine schlaffe Hand hinter dem Rücken hervorholen sollte, wo doch so viele Leute zusahen. Aber dann tat er es doch, und während er seine Hand nach oben hielt, um sie allen zu zeigen, öffneten sich seine Finger. Er konnte sie wieder bewegen und gebrauchen. Neue Kraft kam in seine Hand, und sie wurde völlig heil.
Nach diesem Krankenhausgottesdienst standen die Ärzte, Pastoren und Theologen noch zusammen und sprachen davon, daß Jesus sie mit dieser Szene öffentlich blamiert habe und daß es doch unmöglich sei, in die Behandlung eines Menschen einzugreifen, ohne sich um Krankenkassen und Versicherungen zu kümmern. Die Freiheiten, die sich Jesus herausnahm, überstiegen einfach das normale Maß. Und man überlegte sich, wie man gegen Jesus vorgehen könnte.

*

Danach zog Jesus sich mit seinen Jüngern an den Bodensee zurück, aber er wurde von Menschenmassen förmlich zugedeckt. Von überall kamen sie her: aus der Schweiz, aus Frankreich, Österreich, Polen, aus den umliegenden Dörfern und Städten. Selbst aus Berlin, Hamburg und Dresden waren die Leute angereist, weil sie von ihm gehört hatten.
Damit ihn alle sehen und hören konnten und er von der Masse nicht erdrückt wurde, kletterte Jesus kurz entschlossen auf das Dach einer Imbißbude, um von dort aus zu den Leuten zu reden. Denn es gab einige Kranke, die sich rücksichtslos auf ihn stürzten, um ihn wenigstens anzufassen, weil sie hofften, diese Berührung würde ihr Leiden schon mindern. Obendrein tauchten auch noch Geisteskranke auf, die herumschrien und tobten und dabei brüllten, daß er der Sohn Gottes sei.
Aber Jesus fuhr sie hart an und verbot ihnen, so etwas zu sagen.

Nachdem der Menschenauflauf wieder zurückgegangen war und Jesus und seine Anhänger etwas Luft hatten, brach Jesus zu einer Bergwanderung auf und lud nur diejenigen dazu ein, die er selbst ausgesucht hatte. Und sie kamen mit.
Auf dieser Tour über die Berge machte er seinen Freunden klar, daß er sie als ständige Begleiter ausgewählt habe, daß sie aber auch dazu da seien, zu den Leuten zu gehen, um ihnen etwas von Gott und seinen Plänen zu erzählen, Kranke zu heilen und heilsamen Einfluß auf die vielen zu haben, die verwirrt waren.
Er stellte also so eine Art Kerntruppe zusammen, die ihn bei seiner Arbeit unterstützen und ihm helfen sollte.
Und das sind die Namen dieser Zwölfergruppe:
Simon, der von Jesus auch manchmal Peter, der Fels, genannt wurde, Jakob und Hannah, Jesus nannte sie scherzhaft

die beiden Draufgänger, und da war noch Andrea, eine Landwirtschaftsstudentin, die Schwester von Simon, Philipp, ein Grieche, und Bernd kamen dazu, Levi, der Libanese, und Thomas, Jakob, der Bruder von Levi, Theo und Simone aus Leipzig und schließlich noch Udo, der ihn dann später verraten hat.

Nach dieser Tour wollte Jesus nach Hause, um seine Familie zu besuchen. Aber sobald man ihn sah, strömten wieder die Leute zusammen und ließen Jesus und seinen Freunden keine Ruhe, so daß sie nicht einmal ungestört essen konnten.

Als Jesus' Familie davon hörte, wollten sie ihn gewaltsam nach Hause schleppen, damit er sich dort einmal richtig ausschlafen konnte, denn sie sagten sich: Jesus ist auf dem besten Weg, verrückt zu werden.

*

Einige führende Leute, die aus extrem frommen Gruppen kamen und sich in letzter Zeit mit dem Phänomen Jesus beschäftigt hatten, kamen zu dem Schluß, daß seine außergewöhnlichen Kräfte, seine Anziehungskraft und seine provozierende Art aus okkulten Quellen stammen mußte, daß er seine Macht aus den neuen Satanskulten beziehe und daß der Geist, der ihn beseelte, ein Geist „von unten" sei.

Als Jesus davon hörte, ging er, wie es seine Art war, direkt auf diese Leute zu und versuchte sie umzustimmen, indem er zu ihnen sagte: „Überlegt doch mal", sagte er zu ihnen, „wie kann ich durch gottlosen Einfluß Menschen von ihrer Gottlosigkeit befreien und für sie den Zugang zu Gott öffnen? Das ist doch unlogisch. Wenn in einem Land Bürgerkrieg herrscht und jeder gegen jeden kämpft, dann wird dieses Land ausbluten. Oder: wenn eine Familie nur noch im Streit lebt, wird sie nicht mehr lange eine Familie bleiben.

Wenn also gottlose Mächte gegeneinander arbeiten, dann zerfleischen sie sich selbst und richten sich gegenseitig zugrunde. Niemand kann einfach in ein Haus eindringen, das mit Stacheldraht und Selbstschußanlagen abgesichert ist. Da muß man schon große Geschütze auffahren, um in das Haus zu kommen, den Eigentümer zu überwältigen und das Haus auszuplündern.
Vertraut mir doch, daß mein Einfluß von Gott selbst kommt. Denn viele Menschen, denen ich helfe, wenden sich ja wieder Gott zu. Das würde jemand, der aus einem Satanskult stammt, niemals wollen und zustande bringen.
Außerdem muß ich euch vor so einer Einstellung dringend warnen. Das ist eine gefährliche Sache und kann auf euch selbst zurückfallen! Alles kann vergeben werden, aber wenn man auf Dauer den Heiligen Geist beleidigt und ablehnt, kann man keine Vergebung finden, weil man sie zum Schluß nicht mehr will."

*

Und wieder wollten seine Mutter und seine Brüder ihn nach Hause holen, weil sie Angst um ihn hatten. Jesus war gerade von einer großen Menschenmenge umlagert. Seine Familie ließ ihm nun ausrichten: „Draußen stehen deine Mutter, deine Brüder und deine Schwestern und suchen dich. Sie meinen, du solltest endlich nach Hause kommen."
Da mußte Jesus lächeln über die rührenden Versuche seiner Familie, ihn nach Hause zu holen. Und er sagte zu den Umstehenden: „Ich frage mich manchmal: Wer sind eigentlich meine Mutter und meine Brüder? Und wo ist mein Zuhause?"
Und er deutete auf die, die gerade um ihn herumsaßen, auf seine Anhänger und Freunde und auf die, die sich auf die

Suche nach Gott begeben hatten, und beantwortete seine eigene Frage: „Ihr seid mir wie eine Familie geworden, ich fühle mich bei euch wie zu Hause, ich entdecke bei euch Gemeinsamkeiten, ja ihr seid für mich wie Mütter und Geschwister. Denn ihr lebt wie ich nach dem Willen Gottes, und das gibt mir einen Halt, wie man ihn sonst nur in einer Familie hat."

4

Einige Zeit später fuhr Jesus an die Nordsee, ging an einen besonders großen Strand, wo es viele Leute gab, sammelte ein paar Interessierte um sich und erzählte ihnen von Gott, bei dem man Vertrauen, Hoffnung und Liebe neu lernen konnte. Er erzählte, wie man sein Leben sinnvoll gestalten kann und wie man einen Frieden findet, der höher ist als alles, was man begreifen kann. Bald kamen mehr Leute dazu und ließen sich auf den Dünen nieder, so daß er schließlich aufstehen mußte, um gesehen und gehört zu werden.
„Viele fragen mich: ‚Wie ist das denn mit Gott?'" sagte Jesus.
„‚Wie groß ist eigentlich sein Einfluß wirklich? Man sieht oft so wenig von dem, was er tut!'
Ich möchte es euch so erklären: Stellt euch vor, es ist Frühjahr, und draußen in der Laubenkolonie fangen die Leute an, ihre Gärten umzugraben und einzusäen, zum Beispiel mit Blumensamen. Einige von den Körnern fallen auf den Weg und werden zertreten oder von den Vögeln weggepickt. Andere fallen auf eine dünne Erdschicht. Die Saat geht auf, vertrocknet aber, weil die Wurzeln nicht tief genug reichen. An einer anderen Stelle werden die Blumen von einer Brombeerranke erstickt. Aber die meisten Blumen wachsen und bekommen wunderbare Blüten.
Wer wirklich verstehen will, wird verstehen, was ich sage."

Als die Leute gegangen waren und Jesus mit seinen Freunden allein war, fragten sie ihn: „Was wolltest du eigentlich damit ausdrücken? Wir haben den Eindruck, daß die Leute es nicht verstanden haben."

„Ja", meinte Jesus, „das kann schon sein. Es gibt Geheimnisse, die muß Gott selbst einem klarmachen, sonst gleicht man einem Menschen, der Augen hat und doch nichts sieht, oder der Ohren hat und nichts hört. Eine wirkliche Änderung kann nur Gott schenken. Aber euch werde ich es erklären: Zunächst – was Gott tut, ist meistens klein und unscheinbar und wächst oft unbemerkt heran, denn er möchte die Menschen mit seiner Macht nicht erdrücken. Doch da ist noch etwas: Was ausgesät wird, ist genau betrachtet das Wort Gottes. Wenn wir also zu den Leuten von Gottes Liebe und seiner Hoffnung reden, dann sind wir wie so ein Hobbygärtner, der etwas ausstreut.

Und nun kann folgendes passieren, eine Sache, die ich immer wieder beobachtet habe: Da gibt es Leute, die sitzen da, und du denkst, sie hören dir zu, aber in Wirklichkeit gehen meine Worte bei ihnen zum einen Ohr rein und zum anderen wieder hinaus. Es ist so, als ob sie es zulassen, daß ihnen die Worte weggepickt, gestohlen oder zertreten werden.

Dann gibt es wieder andere, die sind schon eine Stufe weiter. Sie hören aufmerksam zu, ja sie sind sogar begeistert und kommen zu mir, um mir für die Worte zu danken, sie verstehen, was ich gesagt habe, aber nach ein paar Tagen ist die Begeisterung vorbei. Das Hören und Verstehen geschah nur an der Oberfläche. Es ging bei ihnen nicht in die Tiefe. Sie gleichen den Blumen, die wenig Erde haben und bald verdorren.

Und dann gibt es die, bei denen es noch einen Schritt weiter geht. Sie hören die Worte, verstehen sie und versuchen sie auch in die Tat umzusetzen, aber nach einiger Zeit gewinnt

der Alltag wieder die Oberhand. Und der gute Anfang wird erstickt, als ob die Blumen von einer Brombeerranke erstickt werden.
Und schließlich gibt es die, die alle drei Wachstumsformen erfüllen: sie hören aufmerksam zu, sie verstehen die Worte Gottes, sie lassen sie in der Tiefe ihrer Person wirken und Wurzeln schlagen, und sie setzen sie in die Tat um, und man sieht bei ihnen Veränderungen und Frucht.
Da seht ihr, es ist eine Sache, etwas zu hören, eine andere, es zu verstehen, aber worauf es wirklich ankommt, das ist, das Verstandene in die Tat umzusetzen.
Und ich habe die große Hoffnung, daß das, was ich heute und in den nächsten Monaten und Jahren sage, einmal eine große Ernte bringen wird, auch wenn vieles andere danebengeht. Das ist die Art, wie Gott arbeitet: still, im Verborgenen und doch mit einem großen Ergebnis."

*

Am nächsten Tag setzte Jesus seine Erklärungen und Gleichnisse fort, und wieder kam eine große Schar Zuhörer zusammen.
„Wie ist das mit dem Licht?" fragte er, „wo sind bei euch die Glühbirnen angebracht? Auf dem Fußboden etwa oder unter dem Bett? Ja, ihr lacht, denn das wäre doch wirklich komisch. Wir wissen alle, daß eine Wohnzimmerlampe an der Decke angebracht ist. Nur dort kann sie den Raum gut ausleuchten.
Und ich sage euch, bei Gott ist es auch so. Ihr habt vielleicht manchmal den Eindruck, als ob das Licht Gottes irgendwo versteckt worden ist, aber es kommt die Zeit, da wird es heller leuchten als tausend Sonnen, und jeder wird es sehen, und es wird dann nicht mehr möglich sein, seine Gedanken

zu verstecken und sich und den anderen etwas vorzumachen. Einmal werden wir offen miteinander leben können. Und es ist gut, sich jetzt schon darauf vorzubereiten und wenigstens vor Gott ehrlich zu sein.
Noch etwas muß ich euch sagen. Es betrifft ebenfalls den Umgang mit anderen und mit Gott.
Überlegt einmal, worüber ihr euch bei anderen aufregt, und denkt daran, ihr werdet von Gott mit demselben Maßstab gemessen, den ihr an andere anlegt. Also seid vorsichtig mit euren Urteilen. Es gibt ein Gesetz: Wer andere großzügig behandelt, der hat ein weites Herz, und es hat darum viel Platz für die Geschenke, die Gott euch geben wird. Aber wer ein enges Herz hat und dauernd dabei ist, andere zu verurteilen, der wird auch noch die wenigen positiven Dinge verlieren, die er oder sie noch hat. Denn die Herabsetzung anderer Menschen macht uns nicht größer, sondern kleiner und ärmer.
Viele fragen mich: ‚Jesus, wie willst du das alles schaffen? Wie willst du eine neue Welt aus dieser alten Welt machen? Du müßtest ja an allen Orten gleichzeitig sein, du müßtest ja Tag und Nacht unterwegs sein und für Gott arbeiten. Die Aufgabe, die du dir gestellt hast, ist viel zu groß und wird dich überfordern.'
Ich will euch dazu eine Geschichte erzählen, sie handelt wieder vom Säen. Stellt euch also unseren Gärtner vor, der im Frühjahr aussät. Er tut doch eigentlich gar nicht viel. Gut, er bereitet den Boden vor, sät aus, aber dann? Dann überläßt er die Saat sich selbst oder Gott. Er kann jetzt nichts mehr machen. Er geht schlafen, steht wieder auf, schläft wieder, und inzwischen wächst die Saat. Und er weiß eigentlich selbst nicht, wie das geht. Es wäre doch irrsinnig, wenn er jeden Tag aufs Feld ginge und an jedem einzelnen Hälmchen ziehen würde, damit es schneller wächst. Das macht

die Erde von selbst. Von selbst kommen die Halme heraus, bis die Pflanze ausgereift ist und man sie abschneiden kann. Und so ist es auch bei Gott. Meine Anhänger und ich können nur ein paar Samen aussäen und darauf vertrauen, daß daraus etwas wird. Ich nehme mir jetzt die Zeit, mich mit euch zu unterhalten, und überlasse den Rest getrost Gott. Er wird schon das Richtige daraus machen.

Und dann noch eins: Gestern habe ich gehört, wie ein paar von euch gesagt haben: ‚Schön und gut, aber was macht Jesus denn schon? Er heilt ein paar Kranke, redet von Gott, macht uns Mut. Aber schaut euch doch in der Welt um! Jeden Tag hören wir in den Nachrichten, wieviel Schreckliches auf der Erde passiert: in den Kriegen sterben Tausende von Menschen, es gibt Umweltkatastrophen, Hungersnöte. Was Jesus und seine Leute tun, ist doch nur ein Tropfen auf den heißen Stein. Nach ein paar Jahren wird kein Mensch mehr davon reden. Müßte Jesus nicht eher weltweite Hilfsprogramme organisieren und einen eigenen Fernsehsender aufbauen? Dann könnte er wahrscheinlich Gottes Einfluß besser und effektiver voranbringen. Aber was er tut, sieht so stümperhaft aus. Was ist das schon?'

Ich kann dazu nur sagen: Laßt euch nicht irremachen von den großen Zahlen, auch ein steter Tropfen höhlt den Stein. Seht mal, ich habe euch hier einen Sonnenblumenkern mitgebracht. Und wenn wir es nicht besser wüßten, dann würde doch keiner von uns glauben, daß eines Tages daraus eine große Sonnenblume wächst!

Wißt ihr, ich gebe euch recht: Was wir hier tun, ist tatsächlich nicht viel. Im Vergleich mit den Problemen dieser Welt sind unsere Worte und Taten lächerlich gering, und man hat den Eindruck, das wiegt nichts. Der nächste Windstoß bläst alles weg, wie dieses Samenkorn. Nicht, daß ihr mich falsch versteht, ich habe nichts gegen weltweite Hilfsprogramme.

Aber das ist nicht mein Auftrag. Ich möchte euch mit diesem unbedeutenden Sonnenblumenkern sagen: Verachtet die kleinen Anfänge nicht. Der Flügelschlag eines Schmetterlings kann eine ganze Wetterkonstellation verändern. Ein richtiges Wort zur rechten Zeit kann einem bestimmten Menschen helfen, und der wiederum kann in eine Position geraten, in der er ein ganzes Land beeinflussen kann.
Vertraut auf ein winziges Lächeln, auf ein ehrliches Gebet, auf eine kleine Hilfeleistung. Diese Dinge haben bei Gott ein ganz anderes Gewicht. Ich sage euch, aus euren kleinen Anfängen kann etwas entstehen, das später für Tausende von Menschen etwas bedeuten kann."
In vielen Bildern und Vergleichen redete Jesus am Strand noch zu den Leuten und versuchte, ihnen Gottes Einstellungen und Absichten zu erklären.
Wenn Jesus aber mit seinen Freunden allein war, ging er noch mehr in die Tiefe und zeigte ihnen den verborgenen Sinn seiner Geschichten.

*

Am Spätnachmittag wollte Jesus mit seinen Freunden gern alleine sein und sich ein wenig ausruhen, denn der Tag war sehr anstrengend gewesen.
Einer seiner Bekannten hatte ein großes Segelboot mit ausgebauten Räumen, einer kleinen Kombüse und ein paar Schlafräumen. Als der merkte, wie die Stimmung war, lud er Jesus und seine engsten Mitarbeiter zu einer kleinen Segelfahrt ein.
Sie sagten den Leuten, die immer noch am Strand saßen und noch mehr hören wollten, daß es für heute genug sei, und stiegen in das Boot. Ein paar andere Boote begleiteten sie.
Es hatte zwar etwas aufgefrischt, aber keiner hatte so schnell

mit einem Sturm gerechnet, der ausgerechnet gerade dann lostobte, als sie weit draußen auf dem Meer waren.
Rasch wurden die Segel eingeholt, denn das Schiff wurde von den Wellen hin und her geschleudert und füllte sich schon mit Wasser.
Der Bootsbesitzer, der um sein Schiff bangte, ließ zwar die Pumpen arbeiten, aber die Lage wurde immer kritischer, so daß man allmählich richtig Angst bekommen konnte.
„Wo ist eigentlich Jesus?" brüllte einer, während der Wind ihm die Worte wegriß.
„Jesus hat sich zurückgezogen und schläft unten in einem der Räume!"
Die Leute schüttelten nur den Kopf und sagten: „Wie kann man denn nur bei so einem Sturm schlafen? Da muß man schon völlig erschöpft sein."
„Oder ein riesiges Gottvertrauen haben", meinte ein anderer.
„Los, kommt, wir wecken ihn auf. Vielleicht kann er uns ja helfen!"
Sie stiegen die paar Stufen hinunter, fanden Jesus, wie er mit den Kleidern auf einem der Betten lag und fest schlief.
Sie rüttelten ihn wach und riefen: „Jesus, wach auf! Wir saufen hier allmählich ab, und du schläfst hier und kümmerst dich um nichts!"
Jesus, der langsam zu sich kam, den Sturm draußen hörte, sah seine Leute nur an und ging wortlos hinauf. Dann hielt er sich am Mast fest und brüllte zornig den Sturm an, und es hörte sich an, als ob der Wind ein alter Bekannter von ihm wäre, denn er redete ihn direkt an und sagte zu ihm:
„Ruhe da draußen, sei endlich still!"
Und während alle fassungslos Jesus anstarrten, spürten sie, wie es tatsächlich ruhiger um sie wurde, der Wind ließ nach und legte sich nach einer Weile ganz, als ob Jesus ein wildes

Tier gezähmt hätte. Es wurde so still, daß sie schließlich den Motor anwerfen mußten, um weiterzukommen.

Jesus aber sagte nur: „Warum habt ihr so große Angst gehabt? Hat der Wind euer ganzes Gottvertrauen weggepustet?"

Allen auf dem Boot wurde es bei diesem Erlebnis ganz anders. Sie betrachteten Jesus jetzt mit anderen Augen, schauten ihn ehrfürchtig an und sagten zueinander: „Was ist das bloß für einer, der mit bloßen Worten das Wetter beherrscht? Es gehorcht ihm, als wäre er der Chef und Meer und Wind seine Angestellten!"

5

Nach diesem Erlebnis steuerten sie auf die Küste zu, verankerten das Schiff und schliefen die Nacht über an Bord. Am nächsten Morgen fuhren sie weiter und machten an einer der Hafenstädte an der ostfriesischen Küste halt.
Als Jesus gerade das Schiff verlassen hatte und auf dem Bootssteg zum Strand gehen wollte, kam ihm ein halbnackter Mann entgegen, der sich nachts gerne auf den Friedhöfen herumtrieb, ja sogar gelegentlich dort schlief und ein unangenehmer Mensch war. Keiner hatte ihn bisher von seiner Lebensweise abbringen können. Schon ein paarmal war er in einem Krankenwagen abtransportiert worden. Man hatte ihn in eine Zwangsjacke gesteckt und in die geschlossene Abteilung gebracht, aber er schaffte es immer wieder, freizukommen, weil er übermenschliche Kräfte entwickelte, sobald man ihn fangen und festhalten wollte. Er tobte dann und schrie: „Freiheit!"
Er war wie ein Tier, und die Leute fürchteten sich vor ihm. Nachts hörte man ihn manchmal schreien, und einige hatten beobachtet, wie er sich mit Steinen blutig schlug.
Als der Mann nun von weitem sah, wie Jesus aus dem Segelboot stieg und den Bootssteg herunterkam, lief er ihm sofort entgegen, wälzte sich auf dem Boden herum und brüllte: „Du hast mir nichts zu befehlen, auch wenn du von Gott

kommst. Warum quälst du mich?" Jesus hatte nämlich zu ihm gesagt, als der Mann auf ihn zustürzte und herumtobte: „Ich will, daß dich dieser gottlose Geist verläßt!"
Nun fragte ihn Jesus ganz ruhig: „Wie heißt du?" Und der Mann antwortete: „Tausendfach. Denn wir sind viele."
Jesus sagte zu den Umstehenden: „Dieser Mann ist in tausend Stücke zerbrochen, er verliert allmählich die Fähigkeit, ‚ich' zu sagen, und wird von außermenschlichen Kräften gesteuert, mit denen er nicht mehr fertig wird."
„Vertreibe die Mächte nicht aus der Gegend", keuchte der Mann, „bring sie irgendwo anders unter!"
„Einverstanden", sagte Jesus.
Da brach der Mann wie tot zusammen.
Später hörten alle, daß zur selben Zeit ein Dutzend Leute schreiend ihre Fernsehapparate aus den Fenstern geworfen hatten, weil ein schrecklicher Horrorfilm gesendet wurde, der nicht im Programm stand und sich nicht wegschalten ließ.
Das ging natürlich wie ein Lauffeuer durch die Stadt, und von überall her strömten die Leute zusammen, um zu sehen, was passiert war.
Sie kamen zu Jesus und merkten, daß der Verrückte, der sich Tausendfach genannt hatte, bekleidet war, ganz vernünftig dasaß und sich mit Jesus unterhielt. Daraufhin wurde ihnen der Mann aus Kassel etwas unheimlich, weil er es geschafft hatte, diesen hoffnungslosen Fall zu lösen. Die Augenzeugen erzählten den Umstehenden ausführlich, wie alles zugegangen war, auch die rätselhafte Sache mit den Fernsehapparaten.
Schließlich baten die Leute Jesus, daß er die Stadt verlassen sollte. Sie dachten wohl: Wir haben zwar jetzt einen Verrückten weniger, aber wir wissen nicht, was dieser Jesus hier noch alles anstellen wird.

Jesus, der die Bitte der Leute respektierte, ging tatsächlich wieder zum Boot zurück und wollte abreisen. Der Geheilte jedoch hielt ihn auf und bat ihn, ob er nicht mit ihm kommen dürfe.

Aber Jesus erlaubte es ihm nicht und sagte zu ihm: „Es ist besser, wenn du zurückgehst zu deiner Familie und zu deinen Verwandten und ihnen erzählst, wie Gott dir geholfen hat und wie du seine Barmherzigkeit am eigenen Leib erfahren hast."

Daraufhin verabschiedete sich der Mann von Jesus, ging zurück zu seinen Leuten und erzählte in ganz Ostfriesland, daß er Großes mit Gott erlebt hatte. Und alle, die es hörten, staunten über seine Geschichte.

*

Jesus und seine Freunde stiegen in das Segelboot und fuhren weiter an der Küste entlang, bis sie in der Nähe von Wilhelmshaven an Land gingen.

Wahrscheinlich hatte sich die Geschichte mit dem Mann und den zerstörten Fernsehapparaten herumgesprochen, denn als Jesus von Bord ging, traf er auf eine große Menschenmenge, die ihn schon erwartet hatte.

Da kam ein Mann auf ihn zu, der Mitglied des Kirchenvorstandes war und sich auch sonst aktiv am kirchlichen Leben beteiligte. Er hieß Jan Irus. Als er Jesus gefunden hatte, rief er verzweifelt: „Ich bitte Sie, kommen Sie schnell in unser Haus. Meine Tochter liegt im Sterben. Wenn Sie ihr die Hände auflegen und sie segnen, wird sie bestimmt wieder gesund und bleibt am Leben!"

Da ging Jesus mit. Die Menge begleitete ihn, und es gab ein großes Gedränge.

Unter den Menschen, die mit ihm gingen, befand sich auch

eine Frau, die an Aids erkrankt war, weil sie sich als Bluterin an Blutkonserven infiziert hatte, und die schon sehr geschwächt aussah. Sie hatte die allerneusten Medikamente und Therapien ausprobiert, viel Geld dabei verloren, und doch hatte es nichts genützt, vielmehr war es nur schlimmer mit ihr geworden.

Diese Frau hatte von den Heilungen gehört, die Jesus getan hatte. Nun trat sie unauffällig von hinten an Jesus heran, damit er sie nicht sehen konnte, und berührte seinen Gürtel, denn sie dachte: Es braucht niemand zu wissen, daß ich Aids habe, wenn ich nur seinen Gürtel berühre, werde ich schon gesund.

Und während sie das tat, spürte sie, wie sich in ihr eine enorme Kraft ausbreitete, und wußte instinktiv, daß nun die Krankheit zum Stillstand gekommen war.

Aber Jesus, der spürte, daß ihn Kräfte verlassen hatten, drehte sich um und sagte: „Irgend jemand hat mich gerade berührt!"

Seine Anhänger schüttelten den Kopf und erwiderten: „Du wirst hier von allen Seiten bedrängt und hin- und hergeschoben, und dann fragst du noch, wer dich berührt hat? Mindestens zehn Leute haben dich gleichzeitig berührt."

Er aber achtete gar nicht darauf, was sie sagten, und schaute die Umstehenden an, um herauszufinden, was los war.

Da gab sich die Frau zu erkennen, kam ängstlich näher und erzählte ihm stockend die ganze Wahrheit.

Und Jesus, der sich vor ansteckenden Krankheiten noch nie gefürchtet hatte, nahm sie in die Arme, sah sie freundlich an und sagte: „Ihr Vertrauen zu mir, liebe Frau, hat diese Heilung bewirkt. Sie glauben gar nicht, wie viele Kräfte ein Mensch freisetzt, der ein großes Vertrauen entwickelt. Gehen Sie nur in Frieden nach Hause und freuen Sie sich, daß Sie gesund geworden sind."

Während er noch redete, kamen ein paar Bekannte von Jan Irus und brachten ihm die Nachricht, daß es sinnlos sei, Jesus weiter zu bemühen, denn seine Tochter sei gerade gestorben.

Jesus, der das mitbekommen hatte, sagte daraufhin zu dem Vater, der wie vom Donner gerührt dastand: „Keine Angst, vertrauen Sie mir!"

Und Jesus nahm seine engsten Freunde mit: Peter, oder Simon, Jakob und Hannah, Jakobs Schwester. Mit denen und mit dem Vater ging er ins Haus hinein.

Die Nachbarn waren schon da und einige Verwandte. Viele hatten rotgeweinte Augen. Eine der Frauen versuchte die Mutter zu trösten, und jemand machte gerade Kaffee.

Als Jesus das alles sah, sagte er: „Weint nicht, das Mädchen ist nicht tot. Es schläft nur."

Einige von den Leuten schüttelten den Kopf über diese taktlose Bemerkung, andere lachten oder ärgerten sich, und es war nicht klar, ob Jesus das sagte, weil er hinterher Aufsehen vermeiden wollte, oder weil das Mädchen tatsächlich nur scheintot war.

Nachdem er das gesagt hatte, bat er alle Leute, außer den Eltern, nach draußen zu gehen. Dann gingen sie in das Zimmer, in dem das Mädchen lag.

Jesus machte eigentlich nichts Besonderes, er tat so, als ob das Mädchen schliefe und er es nur aufzuwecken brauchte. Er nahm ihre Hand und sagte freundlich: „Los komm, Mädchen, Zeit zum Aufstehen!"

Und sofort öffnete das Mädchen die Augen, stand auf und ging in ihrem Zimmer umher. Es war übrigens zwölf Jahre alt.

Die Eltern und Jesus' Freunde konnten nicht fassen, was geschehen war, lachten und weinten gleichzeitig und kamen aus dem Staunen nicht heraus.

Jesus aber warnte sie und sagte sehr bestimmt: „Erzählt es nicht weiter. Viel wichtiger ist jetzt, daß ihr dem Mädchen etwas zu essen gebt."

6

Nach diesen Ereignissen zog es Jesus wieder einmal nach Hause. Er fuhr also mit dem InterRegio nach Kassel. Seine Freunde begleiteten ihn.
Am Sonntag ging er zum Gottesdienst. Der Pastor hatte ihn gefragt, ob er nicht die Predigt halten wollte, und Jesus nahm das Angebot an. Aber sonst ließ er sich in Kassel nicht viel blicken. Große Wunder passierten nicht. Trotzdem gingen die Kasseler gespannt zum Gottesdienst. Die Kirche war überfüllt.
Während der Predigt wunderten sich die Leute und flüsterten: „Unglaublich, wie sich Jesus entwickelt hat! Er ist ein begnadeter Redner geworden, und man sagt ja auch, daß er wahre Wunder vollbringen kann. Und dabei kennen wir doch seine Eltern, und seine Brüder und Schwestern sind ganz normale Leute und wohnen hier bei uns. Wo hat er das her?"
Einige von seinen alten Kumpels fragten ihn nach dem Gottesdienst, beim Kirchenkaffee: „Sag mal, kannst du nicht für uns ein paar Wunder machen, wenn du schon mal hier bist? Schließlich sind wir doch zusammen aufgewachsen, oder nicht?"
Aber Jesus reagierte gar nicht darauf, und die Leute wurden ärgerlich.

Schließlich sagte Jesus zu ihnen: „Es gibt ein altes Sprichwort: Ein Prophet gilt nichts in seiner Heimatstadt und schon gar nichts unter seinen Bekannten und Verwandten."
Er konnte in Kassel nicht eine einzige große Tat tun. Nur wenigen Kranken legte er die Hände auf, und sie wurden gesund. Er konnte nicht begreifen, warum die Kasseler so mißtrauisch waren und so wenig Vertrauen zu ihm hatten. Schon bald verließ er seine Heimatstadt und besuchte noch andere Dörfer und Städte in der Umgebung.

Eines Tages rief er seine zwölf engsten Vertrauten zusammen und schickte sie paarweise los in die nähere Umgebung. Er übertrug seine Heilkräfte auf sie, so daß sie in der Lage waren, Kranke gesund zu machen. Er sagte zu ihnen, daß sie kein großartiges Gepäck mitnehmen sollten. Nicht einmal Proviant oder frische Hemden. Ganz unbelastet und frei sollten sie zu den Leuten gehen und auf ihre Gastfreundschaft angewiesen sein. Und er gab ihnen für diese spezielle Aktion noch ein paar Verhaltensregeln mit: „Wenn ihr irgendwo seid, dann wechselt nicht ständig das Quartier, auch wenn es euch nicht gefällt und ihr später tolle Einladungen bekommt. Damit macht man sich nur abhängig. Und wenn ihr irgendwo nicht aufgenommen werdet und die Leute euch loswerden wollen, dann drängt euch nicht auf wie die Zeugen Jehovas, sondern geht weiter und schüttelt demonstrativ den Staub aus euren Kleidern."
Daraufhin zogen sie los und sagten denen, die sie trafen, es sei an der Zeit, sich Gott neu zuzuwenden. Dabei kamen sie mit vielen Geistesgestörten und sonstigen Kranken in Kontakt und heilten sie.

*

Auch ein bekannter Ministerpräsident hörte davon, denn Jesus war inzwischen eine Berühmtheit geworden, und es gab Leute, die behaupteten, daß der Geist Johannes des Täufers in ihm wieder lebendig geworden sei. Andere meinten, daß durch Jesus die alten Propheten sprachen. Aber der Ministerpräsident, der ziemlich abergläubisch war, sagte: „Johannes, der neulich umgekommen ist, der ist durch Jesus wieder lebendig geworden."

Die Geschichte mit dem plötzlichen Tod von Johannes war in Wirklichkeit eine ziemlich undurchsichtige Sache gewesen. Offiziell war er bei einem Autounfall ums Leben gekommen, aber man munkelte, daß der Ministerpräsident seine Finger dabei im Spiel gehabt haben sollte. Er wollte Johannes loswerden, weil der öffentlich gesagt hatte, es sei nicht recht, daß der Ministerpräsident seinem Bruder die Frau ausgespannt habe.

Aber keiner konnte es beweisen, daß der Autounfall arrangiert worden war. Im Grunde war die Frau seines Bruders die eigentliche Triebfeder der ganzen Geschichte gewesen. Es wurmte sie nämlich, daß Johannes sie bloßgestellt hatte, deshalb wollte sie ihn gerne beseitigen, aber es gab natürlich keine rechtliche Möglichkeit. Schließlich lebte man in einer Demokratie.

Außerdem hatte der Ministerpräsident ein gespaltenes Verhältnis zu Johannes gehabt: einerseits hatte er einen gewissen Respekt vor dem Mann, weil er gerecht war und eine Art heilige Ausstrahlung hatte; er hörte ihn sogar ganz gern, obwohl es ihn verlegen machte. Auf der anderen Seite wäre er ihn am liebsten losgeworden, traute sich aber nicht, etwas zu unternehmen.

Die Sache kam dann ins Rollen, als eines Tages der Ministerpräsident eine Party gab. Als besondere Attraktion tanzte seine Stieftochter, die eine ausgebildete Tänzerin war, ein

Ballettstück vor allen Gästen. Ihr Stiefvater soll daraufhin so begeistert gewesen sein, daß er ihr einen Wunsch freigab. Sie forderte, daß Johannes mundtot gemacht werden sollte. Schließlich hatte er ja schon Redeverbot in einigen Kirchen der Umgebung. Kurze Zeit später passierte dann der Unfall. Und viele behaupteten daher, daß es einen gewissen Zusammenhang gebe.
Jedenfalls fand eine aufsehenerregende Beerdigung statt, die die Freunde von Johannes arrangiert hatten und die sogar im Fernsehen in Ausschnitten zu sehen war.
Das erzählte man sich also über den plötzlichen Tod von Johannes.

*

Nachdem Jesus seine Anhänger losgeschickt hatte, kamen sie nach ein paar Wochen wieder zu ihm zurück und berichteten ihm, was sie alles erlebt hatten. Und er sagte zu ihnen: „Kommt! Wir wollen irgendwohin gehen, wo uns keiner stört, und die ganze Aktion in Ruhe auswerten." Denn um Jesus herum war wieder viel los, und er wurde förmlich von Leuten erdrückt. Sie kamen nicht einmal zum Essen.
Sie hielten sich zu der Zeit wieder in Süddeutschland auf, in der Nähe seiner Lieblingsgegend, am Bodensee. Ein paar von seinen Freunden wußten von einem einsamen Plätzchen, das kaum bekannt war und auch nicht in den Reiseführern stand. Dorthin fuhren sie mit einem gemieteten Ruderboot.
Aber man sah sie abfahren, schätzte ab, wo sie ankommen müßten, und als das Boot am Ufer festmachte und Jesus ausstieg, sah er sich schon wieder umgeben von Leuten. Er konnte ihnen einfach nicht entkommen. Und weil er merkte, wie die Menschen am Ufer förmlich hungerten nach Worten über den Sinn des Lebens, über Gott und über all die ver-

schütteten Sehnsüchte, ergriff ihn tiefes Mitleid. Die Leute kamen ihm vor wie eine Reisegruppe ohne Leiter, die sich verlaufen hat und durch die Gegend irrt. Da setzte er sich am Ufer auf eine erhöhte Stelle und fing wieder an, zu ihnen zu sprechen, und sie hörten ihm stundenlang zu.

Am Spätnachmittag kamen seine Freunde und sagten zu ihm: „Jesus, die Gegend hier ist einsam, und die Leute haben Hunger. Es gibt keine Imbißbuden oder Restaurants hier in der Nähe. Schick doch die Leute weg, dann können sie sich unterwegs etwas zu essen kaufen. Wenn wir nichts unternehmen, kommt es vielleicht gegen Abend zu einem großen Durcheinander."

Er sagte daraufhin zu ihnen: „Wenn ihr euch solche Sorgen macht, dann gebt ihr ihnen doch etwas zu essen!" Aber sie schüttelten den Kopf und meinten vorwurfsvoll: „Das geht doch nicht. Überleg mal: Sollen wir etwa ins nächste Dorf gehen und für ein paar hundert Mark Brötchen einkaufen?"

Er überlegte und fragte sie dann: „Was habt ihr denn an Eßbarem dabei? Schaut mal nach!"

Sie kratzen alles zusammen und meinten: „Wir haben noch fünf Baguettes und zwei Fischfrikadellen."

„Gut", sagte er. Dann befahl er den Leuten, sie sollten sich in Gruppen auf den Boden setzen. Und das taten sie auch.

Jesus nahm nun die fünf Baguettes und die zwei Frikadellen, blickte zum Himmel auf und sprach das Tischgebet, das er sonst auch vor jedem Essen sprach. Dann brach er die Brote in Stücke und gab sie seinen Freunden, und auch die Fischfrikadellen zerteilte er und gab sie weiter.

Merkwürdigerweise schien das zu reichen, denn alle aßen und wurden satt. Noch seltsamer war aber, daß sie hinterher noch die Reste einsammelten, und das waren immerhin zwölf gefüllte Einkaufstaschen. Die Zahl der Leute, die gegessen hatten, war über fünftausend gewesen!

Bevor die Leute recht wußten, was eigentlich passiert war, drängte Jesus seine Freunde, in das Ruderboot zu steigen und vorauszufahren. Er selbst wollte die Menge mit einem Segensgebet entlassen.

Als er das dann getan hatte, ging er alleine weiter, stieg auf eine Anhöhe, wo man den See gut überblicken konnte, und betete.

Inzwischen war es Abend geworden, und das Boot war mitten auf dem See. Da Jesus beim Beten nie die Augen schloß, sah er, wie sich seine Freunde auf dem Wasser abquälten, denn sie hatten einen starken Gegenwind und kamen praktisch nicht voran. Weil es nur ein einfaches Ruderboot war ohne Motor oder Segel, wurde ihre Lage allmählich kritisch, vor allem, als die Wellen allmählich höher stiegen.

Da entschloß sich Jesus, ihnen zu helfen. Er war in einer so starken inneren Versenkung und Verbindung zu Gott, daß seine Füße im Wasser nicht versanken und er über das Wasser schwebte. Jesus war so durchdrungen von dem Gedanken zu helfen, daß die sogenannte Realität sich nach seinem Verlangen richten mußte. Ja, man könnte sagen, sein Gebet trug ihn übers Wasser.

Es muß eine seltsame Erscheinung gewesen sein in dieser Nacht, und wer am Wasser lebt, der weiß, daß es da allerhand Spukgeschichten gibt. Und so war es kein Wunder, daß Jesus' Anhänger vor Schreck aufschrien, als er im Morgengrauen an ihrem Boot vorbeiging. Sie dachten, er sei ein Gespenst. Ja, einigen wurden richtig schlecht.

Er aber redete sie ganz freundlich an und sagte zu ihnen: „Nur Mut! Ich bin's. Erkennt ihr mich nicht? Habt doch keine Angst!"

Nach diesen Worten stieg er zu ihnen ins Boot, und der Wind legte sich. Da zweifelten manche an ihrem Verstand und dachten: Wer ist Jesus eigentlich?

Obwohl sie sich doch nach dem Essenswunder denken konnten, daß Gott und er ganz dicht zusammengehörten und daß Jesus Gottes Schöpfungskräfte in sich trug, ließen das manche einfach nicht an sich heran.
Schließlich kamen sie am anderen Ufer an und machten das Boot fest. Und als sie an Land stiegen, es war inzwischen schon hell geworden, wurde Jesus gleich von den Leuten erkannt. Und die erzählten das sofort weiter, so daß innerhalb ganz kurzer Zeit alle möglichen Kranken zu ihm gebracht wurden, mit Autos und auf Rollstühlen.
Überall, wo er hinkam, ob in ein Dorf oder auf einen Hof oder in eine Stadt, brachte man die Kranken zu ihm und bat ihn, daß sie bei dem großen Andrang wenigstens seine Jeans oder sein Hemd berühren durften, weil er ja nicht allen gleichzeitig helfen konnte.
Und seltsamerweise wurden die Leute gesund, die das taten, obwohl sie doch nicht einmal direkt mit ihm sprechen konnten.

7

Eines Tages wurde Jesus zu einer großen ökumenischen Tagung eingeladen, die die Bischöfe, Dechanten und andere Kirchenführer organisiert hatten. Auch Vertreter des Gesundheitswesens und einige Minister waren dabei. Allmählich spürten nämlich die führenden Köpfe, daß etwas getan werden mußte, um mit dem zunehmenden Einfluß, den Jesus auf die Öffentlichkeit ausübte, fertig zu werden. Sie hatten sich vorgenommen, Jesus hart anzufassen, denn er gefährdete durch das, was er sagte und tat, den Bestand der Kirchen und anderer Institutionen, weil er sie nicht zu brauchen schien. Er machte den Leuten Mut, mit Gott so zu reden wie mit einem Vater, ganz gleich, ob sie nun Kirchenmitglieder waren oder nicht.
Jesus nahm die Einladung an, denn er liebte offene Gespräche und eine klare Auseinandersetzung.
Nach den ersten höflichen Eingangsfloskeln stand einer der Bischöfe auf und fragte ihn direkt: „Sie behaupten, von Gott beauftragt worden zu sein, die Menschen zu einer Lebensänderung aufzurufen. Sie behaupten, es würden große Dinge geschehen, und Gottes Macht werde sich unter uns ganz neu zeigen. Schön und gut. Aber wie kommt es dann, daß Ihre Freunde und Anhänger sich überhaupt nicht um die

christlichen Werte scheren, die unser Land und unsere Kultur aufgebaut haben?
Ihre Freunde, verehrter Herr, verlassen ihre Eltern und Familien, sie kümmern sich nicht um Recht und Ordnung, zum Beispiel gehen sie in Krankenhäuser und machen Leute gesund, ohne mit den Ärzten vorher zu sprechen. Manche dieser Geheilten verlassen ohne Absprachen die Klinik. Ihre Freunde stiften Unruhe! Sie halten Arbeitswillige von der Arbeit ab oder machen Arbeitslosen grundlose Hoffnungen auf ein besseres Leben. Sie ermutigen Leute, die von Sozialhilfe leben, schwarzzuarbeiten, damit sie über die Runden kommen; sie stellen keine Spendenbescheinigungen aus, wenn sie Geldspenden bekommen; sie belästigen Arbeitgeber, indem sie ihnen vorhalten, es sei nicht recht, billige Arbeiter im Ausland auszubeuten. Sie schreiben Briefe an Scheidungsanwälte und bitten sie, alles daranzusetzen, Ehen zu retten, die noch zu retten sind. Sie reden von Gott, als sei er ein persönlicher Freund der Menschen. Sie sagen, es komme nicht nur darauf an, zum Gottesdienst zu gehen, sondern darauf, daß man mit Gott verbunden sei. Sie stören Gottesdienste und sagen zu unseren Pastoren, es sei nicht im Sinne Gottes, die Leute durch läppische Predigten zu langweilen.
Und das Schlimmste, Sie behaupten, Gott lege keinen Wert auf irgendwelche Konfessionen, ihm sei es egal, ob man offiziell Kirchenmitglied sei oder nicht, es käme ihm auf das Herz an. Das klingt zunächst ja ganz gut, aber Sie vergessen, daß wir hier auf der Erde organisiert sein müssen. Noch leben wir nicht im Himmel. Was, glauben Sie, würde passieren, wenn es keine organisierten Kirchen mehr gäbe? Das gesamte Sozialgefüge würde zusammenbrechen, es gäbe Chaos und unendlich viel Leid!
Jedenfalls können wir das nicht länger dulden, was Sie im Namen Gottes hier anrichten!"

Einen Augenblick lang herrschte Schweigen, einige klatschten sogar. Der Bischof hatte vielen aus dem Herzen gesprochen.

Aber dann stand Jesus auf und ging ans Mikrofon. Er versuchte nicht zu vermitteln oder sich für seine Anhänger zu entschuldigen, sondern er ging zum Gegenangriff über und sagte: „Sehr treffend hat der Prophet Jesaja über euch geweissagt. Denn so kann man es bei ihm nachlesen: Diese Leute ehren mich nur mit den Lippen, doch ihr Herz ist fern von mir. Sie denken, es genüge, ein paar Gesetze zu befolgen, um bei Gott anzukommen.

So weit Jesaja. Und ich möchte noch hinzufügen: Schaut euch doch um, wie weit ihr es mit Gottes Volk gebracht habt: Wenn Fremde in eure Kirchen kommen, begegnen ihnen hauptsächlich Kälte und Ablehnung. Wo gibt es noch Christen in diesem Land, die ihr Leben geben für andere? Wo gibt es Christen, die ein brennendes Herz haben für Gott und ihn wie einen Freund lieben? Wo gibt es Christen, die ihre Häuser und Herzen öffnen für Arme? Und wo sind die Pastoren, die einmal ihr Herz sprechen lassen und nicht nur ihre Theologie? Wo gibt es Pastoren, Bischöfe und andere Leiter, deren Leben so anziehend wirkt, daß andere Lust bekommen, Gott kennenzulernen?

Merkt ihr nicht, wie tief eure christliche Kirche gesunken ist? Merkt ihr nicht, daß ihr nur noch auf Sparflamme lebt? Ihr erfindet einen Haufen Gesetze, um euch vor den Tränen und der Freude drücken zu können. Ich sage euch, nicht meine Freunde zerstören die Kirche, sondern ihr laßt sie verkommen zu einem belanglosen Verein!

Ja, ich weiß, es gibt sie noch: die Leute, die mit dem Herzen dabei sind. Ich habe ab und zu welche getroffen. Aber es sind lächerlich wenige.

Was macht es schon aus, wenn meine Freunde und Anhänger manchmal über das Ziel hinausschießen in ihrer Begeisterung, solange ihr Herz für Gottes Sache brennt? Wißt ihr nicht, daß man das Leben verpassen kann, wenn man nur noch darauf achtet, Fehler zu vermeiden? Merkt ihr nicht, daß mal wieder eine grundlegende Reformation nötig ist, wie vor fünfhundert Jahren, weil eine eisige Kälte die Herzen der Christen erfaßt hat? Ich meine jetzt keine neuen Frömmigkeitsstile oder eine neue Konfession, sondern ich meine ein Feuer, das eure kalten Herzen erfaßt und sie zum Schmelzen bringt. Denn die Kälte ist schon weit fortgeschritten. Sie ist überall, bei den Orthodoxen, bei den Katholiken, bei den Protestanten, bei den Liberalen, bei den Evangelikalen und Charismatikern, da gibt es keine Ausnahme. Selbst die unter euch, die scheinbar eine liebevolle Atmosphäre in den Gottesdiensten verbreiten und unentwegt Gott loben, werfen auf der anderen Seite mit unmenschlichen geistlichen Gesetzen um sich.

Ach, ich wollte, das Feuer der echten Liebe würde schon brennen. Und wenn die Strukturen darin verbrennen und zerbrechen? Wäre das wirklich so schlimm? Sicher, es würde vieles kaputtgehen, auch gute Dinge, aber die Menschen in diesem Land wären dann gezwungen, für ihren Nachbarn und ihren Nächsten persönlich einzutreten, ohne Netz und doppelten Boden. Wißt ihr, wie ihr mir manchmal vorkommt, ihr würdigen Vertreter eurer Kirchen und christlichen Gemeinschaften? Ihr kommt mir vor wie Kinder, denen man ihr Spielzeug wegnimmt und die jetzt wütend mit dem Fuß aufstampfen.

Ich bitte euch nur um das eine: Laßt Gott, den wirklichen Gott, an euch heran, und ihr werdet sehen, was sich dann tut."

Nach dieser Rede verließ Jesus mit seinen Freunden die Tagung, ohne die Reaktion seiner Gegner abzuwarten.

Später, bei einer öffentlichen Veranstaltung, redete Jesus eindringlich zu den Menschen, die fragten, wie man sich verhalten sollte, um ein sinnvolles Leben zu führen, und wonach man sich eigentlich richten sollte. Auch Christen waren darunter, die sich oft wertlos und unsicher fühlten.

Zu denen sagte Jesus: „Begreift doch, es geht nicht einfach darum, ein paar Lebensregeln zu befolgen, sondern von innen her zu leben und sich verwandeln zu lassen. Es kann sein, daß einer nach außen hin ein tadelloses Leben führt, aber in seinem Inneren ist die Hölle los, da sieht es aus wie in einem Abfallhaufen. Da tummeln sich Neid, Haß, Gemeinheiten, perverse Gewohnheiten, die Gier nach mehr Geld, kalte Überlegenheitsgefühle, Freude an der Zerstörung von Ehen und Partnerschaften, Jähzorn und was es sonst noch so gibt – alles Dinge, die nie ins Licht Gottes gekommen sind und deshalb unterirdisch und unbemerkt das Leben vergiften. Es fängt sozusagen an zu stinken und verdirbt mit der Zeit alles, auch die schönsten Taten.

Und dann stellt euch einen Menschen vor, der dauernd Fehler macht und immer wieder versagt, aber in seinem Inneren sieht es aus wie im Himmel: Da sind eine Menge guter Absichten, da gibt es echte Sehnsucht nach Güte, oder es lebt eine wohltuende Bescheidenheit tief im Inneren dieses Menschen. Aber all das kann man von außen gar nicht sofort erkennen. Von außen betrachtet, vergeht sich dieser Mensch gegen Gottes Gebote. Sein Leben sieht manchmal wie Dreck aus.

Aber ich sage euch, diese Güte und diese Sehnsucht, die tief im Inneren dieses Menschen leben, werden langfristig Auswirkungen haben.

Begreift ihr das? Nicht das Befolgen oder Nichtbefolgen von ein paar Regeln macht das Leben aus, sondern es kommt auf die innere Substanz an, die ein Mensch hat. Ihr müßt weg-

kommen von dieser Angst, Fehler zu machen oder eine Regel nicht genau zu befolgen. Arbeitet lieber daran, daß ihr euer Inneres von Gottes Licht erfassen laßt, streckt euch nach Gottes Liebe aus, laßt euch prägen von Menschen, Büchern, Bildern und Filmen, die von der Güte und dem Frieden durchdrungen sind, und gebt dem Heiligen Geist Gelegenheit, euch zu beeinflussen.
Was macht es dann schon aus, wenn ihr gelegentlich danebenhaut oder gegen ein Gebot verstoßt? Es gibt doch Gottes Vergebung. Und dann kann man wieder neu anfangen.
Mir geht es jedenfalls so, daß ich im Inneren eines Verbrechers oder einer Prostituierten manchmal eine große Güte entdecke und im Innern eines sogenannten guten Christen oder eines angesehenen Pastors plötzlich eine Anhäufung von Dreck wahrnehme. Deshalb wundert euch nicht, daß ich Menschen anders sehe als ihr.
Ein guter Baum bringt irgendwann gute Früchte, weil sein Inneres gesund ist. Vergeßt das nicht!"

Nach dieser Ansprache, die hier nur gekürzt wiedergegeben ist, fuhr er mit dem Zug nach Berlin, machte einsame Spaziergänge am Wannsee und durchstreifte einzelne Stadtteile. Im Stadtteil Kreuzberg hatte er ein paar Freunde, in deren Wohnung er übernachtete. Er versuchte, im Schutz der Dunkelheit in das Haus zu kommen, weil er nicht wollte, daß ihn jemand erkannte. Aber er konnte einfach nicht unentdeckt bleiben, trotz der Sonnenbrille, die er tagsüber aufsetzte.
Eine Frau, die eine geistesgestörte Tochter hatte, hörte, daß er sich in Berlin aufhielt, und suchte und fragte so lange, bis sie Jesus gefunden hatte. Sie ließ sich an der Tür nicht abwimmeln, sondern drängte sich fast mit Gewalt hinein.
Diese Frau war eine Türkin, die seit ein paar Jahren in Berlin lebte.

Sie bat ihn nun händeringend darum, ob er nicht ihre Tochter heilen könne. Da sagte er verärgert zu ihr: „Meine Zeit! Wen soll ich denn noch alles heilen? Wissen Sie, wie Sie mir vorkommen? Wie jemand, der den Kindern beim Mittagessen den Teller wegnimmt und den Inhalt den Hunden hinwirft. Ich bin nämlich in erster Linie für die Christen hier da und nicht für die Moslems, weil die Christen mich im Augenblick dringender brauchen."
Aber sie ließ sich durch diese Beleidigung nicht abschrecken, sie schien Jesus zu kennen und wußte wahrscheinlich, wie die harten Worte einzuordnen waren. Und deshalb erwiderte sie: „Sicher, Sie haben recht, man muß ab und zu Grenzen ziehen, das verstehe ich, aber vergessen Sie nicht, daß die Hunde manchmal die Reste kriegen, wenn die Kinder satt sind. Ich bin auch mit den Abfällen zufrieden."
Da mußte Jesus unfreiwillig lachen und wunderte sich über das große Vertrauen, das diese Frau besaß, und über ihren Humor, und er sagte zu ihr: „Sie haben mich überzeugt. Gehen Sie jetzt ruhig nach Hause, Ihre Tochter ist gesund."
Sie ging zurück in ihre Wohnung und fand ihre Tochter, wie sie friedlich im Bett lag. Die Krankheit war verschwunden, und man konnte sich mit ihr vernünftig unterhalten.

Jesus zog dann bald mit seinen Freunden weiter, nach Osten, bis in die Nähe der polnischen Grenze, wo er bisher noch nicht gewesen war.
Da wurde zu ihm ein Taubstummer gebracht, und seine Bekannten fragten Jesus, ob er ihm nicht die Hände auflegen könne, um ihn zu segnen und ihn zu heilen. Jesus sagte nicht viel dazu, er nahm den Kranken einfach an die Hand und führte ihn von der Menschenmenge weg. Sobald er mit ihm und ein paar Leuten allein war, legte er ihm behutsam seine Finger in die Ohren und berührte seine Zunge mit dem

Speichel, denn anders konnte man ja nicht zu ihm sprechen. Dann blickte Jesus zum Himmel auf, seufzte und sprach zu dem Kranken: „Öffne dich!"
Da öffneten sich seine Ohren, und die Lähmung seiner Zunge verschwand, so daß er plötzlich reden konnte.
Und Jesus befahl allen, die um ihn herumstanden, es nicht weiterzuerzählen. Aber je mehr er es verbot, desto mehr machten sie es bekannt. Da staunten alle, die davon hörten, und sagten: „Er bringt alles zum Guten, ganz gleich, wie schlecht es angefangen hat. Die Tauben fangen bei ihm an zu hören, und die Stummen können durch ihn wieder sprechen."

8

Wieder einmal kamen Theologen und Vertreter einiger frommer, christlicher Kreise zu Jesus, die mit dem, was er tat und redete, nicht einverstanden waren und um ihre Autorität fürchteten. Sie fingen an, mit ihm zu diskutieren, und forderten schließlich von ihm einen eindeutigen Beweis, daß er von Gott berufen war und in Gottes Auftrag handelte. Denn sie sagten, sie hätten die Verantwortung für ihre Gruppen, und man müsse die Geister unterscheiden.
Da seufzte er und sagte zu ihnen: „Warum wollt ihr dauernd eindeutige Zeichen und Beweise haben in einer Sache, die mit Vertrauen und Hingabe zu tun hat? Wenn ich hier vor euren Augen Feuer vom Himmel fallen ließe oder Tote auferweckte, selbst dann könnte das nicht euer Herz berühren, weil ihr eine vorgefaßte Meinung habt. Ich muß euch enttäuschen. So ein klares Zeichen, wie ihr euch das vorstellt, gibt es nicht. Man kann doch Vertrauen und Liebe nicht durch irgendwelche Wunder erzwingen!"
Und er ließ sie einfach stehen und zog mit seinen Freunden weiter, bis er an die Ostseeküste kam. Da merkten sie gegen Abend, daß sie nicht genügend Vorräte mitgenommen hatten. Die Geschäfte waren schon geschlossen, und das Geld war sowieso knapp. Nur ein vertrocknetes Brötchen hatte einer noch dabei, und der Magen knurrte.

Jesus schien das nicht zu bemerken, er war in Gedanken immer noch bei der letzten Diskussion und sagte zu ihnen: „Hütet euch vor der Haltung dieser Theologen, mit denen ich diskutiert habe. Sie wollen bei Gott kein Risiko eingehen und sich ständig absichern. Ihre Art zu denken und zu leben kommt mir manchmal vor wie der Vorgang beim Brotbacken. Da sind ein paar Körner Trockenhefe. Sie sehen harmlos aus, aber wenn man sie mit einem großen Haufen Mehl und Wasser vermischt, durchdringen sie mit der Zeit, ohne daß man gleich etwas merkt, den ganzen Teig, und man kann dann die Hefe von dem Teig überhaupt nicht mehr trennen, weil die Hefe alles durchdrungen hat."
Bei diesen Worten wurden die Freunde von Jesus noch hungriger, weil sie an frisches Brot dachten, und sie nahmen überhaupt nicht wahr, was Jesus ihnen damit sagen wollte. Hinterher unterhielten sie sich, wo sie noch etwas Eßbares auftreiben könnten.
Als Jesus das merkte, sagte er ein wenig ärgerlich zu ihnen: „Warum macht ihr euch dauernd Gedanken und Sorgen um das Essen? Merkt ihr nicht, daß es in Wirklichkeit um ganz andere Dinge geht? Merkt ihr nicht, daß ihr innerlich schon richtig abgebrüht seid und meine Worte euch gar nicht mehr erreichen? Ihr habt Augen und seht doch nichts von Gottes Liebe und seiner Fürsorge, ihr habt Ohren und hört doch nichts von seinen Zusagen.
Erinnert ihr euch noch an die große Menschenmenge am Bodensee, als ich tausenden von Leuten etwas zu essen gab?"
Sie nickten.
„Wie viele gefüllte Taschen waren nach diesem Essen übriggeblieben?"
„Zwölf", sagten sie.
Da schaute er sie lange an und meinte: „Begreift ihr denn nicht, daß es gar nicht um das Essen geht? Mit diesem einen

Brötchen, das ihr noch habt, könnte ich euch alle satt machen, oder ich könnte euch von Gott und seiner Macht erzählen, daß ihr euren Hunger glatt vergeßt. Merkt ihr denn nicht, daß ihr die Schwerpunkte verrückt habt?"

*

Am nächsten Tag erreichten sie ein kleines Fischerdorf in der Nähe von Usedom. Inzwischen hatte es sich wieder einmal herumgesprochen, daß Jesus da war. Es kamen ein paar Neugierige zusammen, aber auch welche, die wirklich in Not waren. Jemand brachte eine blinde Frau zu ihm mit der Bitte, Jesus solle sie berühren und segnen.
Jesus nahm die Blinde bei der Hand und führte sie zuerst einmal von der Menge weg, aus dem Dorf heraus, weil er wußte, wie scheu manche Blinden sind, und weil er wahrscheinlich vor allen Leuten keine Heilung durchführen wollte; er wollte seine Fähigkeiten nicht zur Schau stellen.
Er machte seinen Zeigefinger feucht, als ob er ein neues Kapitel in dem Lebensbuch der blinden Frau aufschlagen wollte, und strich behutsam und fast zärtlich über ihre Augenlider. Sie spürte, daß es kühl um ihre Augen wurde, und als Jesus vorsichtig seine Hände auf ihre Lider legte und sie wieder wegnahm, fragte er sie: "Sehen Sie schon etwas?"
Sie machte die Augen auf, blickte um sich und sagte nach einer Weile: "Ja, ich sehe, glaube ich, Menschen, denn es kommt mir so vor, als ob weiter hinten sich der Wald bewegt und Bäume umhergehen."
Da legte Jesus ihr noch einmal die Hände auf ihre Augen, und danach konnte sie richtig scharf sehen. Ihre Sicht war vollständig wiederhergestellt, und die Dinge hatten jetzt deutliche Konturen.
Jesus schickte sie nach Hause und sagte zum Abschied

noch: „Gehen Sie bitte direkt nach Hause und nicht durch das ganze Dorf, ich will kein großes Aufsehen erregen."

*

Danach wanderten Jesus und seine Freunde weiter oder fuhren manche Strecken auch mit dem Bus, immer an der Küste entlang nach Westen, und kamen durch verschiedene Dörfer und Städte.
Als sie schließlich die Vororte von Lübeck erreichten, fragte Jesus seine Anhänger: „Sagt mir doch mal, für wen mich die Leute halten. Was hört ihr denn so, wenn wir unterwegs sind?"
„Daß du ein zweiter Johannes bist", sagten sie, „oder der wiedergekommene Jesus Christus. Manche behaupten, daß du in Indien warst und dort ein paar Tricks von den Gurus gelernt hast. Andere halten dich für einen Propheten oder einen großen Schamanen..."
Da fragte Jesus sie direkt:
„Und ihr selbst? Für wen haltet ihr mich?"
Da ergriff Simon das Wort und sagte: „Du bist der, auf den alle heimlich oder offen gewartet haben, der eines Tages alles zum Guten führen wird, der die Kriege beendet, der mit den Hunger- und Umweltkatastrophen fertig wird; du wirst alles Leid aus der Welt schaffen, du wirst ein weltweites Friedensreich errichten, und es kommt mir manchmal sogar vor, als ob Gott selbst wieder unter uns leben würde, seitdem du da bist."
Als Jesus das hörte, wurde er sehr erregt und schärfte allen ein, daß sie so etwas niemals verbreiten dürften. Das würde nur Ärger geben.
Seit diesem Gespräch fing Jesus an, ihnen ganz nüchtern zu erzählen, was auf ihn zukommen werde, daß keine großarti-

ge Zukunft auf ihn warte, sondern daß die führenden Vertreter der Kirchen versuchen würden, ihn auszuschalten, ja daß man ihn sogar umbringen werde. Aber nach einigen Tagen, nach seinem gewaltsamen Tod, werde er wieder lebendig sein.
Das sagte er seinen Freunden ganz offen, um sie auf diese schlimme Zeit vorzubereiten.
Nachher nahm Simon ihn auf die Seite und redete als Sprecher der anderen auf ihn ein: „Das kann doch wohl nicht wahr sein, Jesus! Du hast uns allen einen ganz schönen Schrecken eingejagt. Kein Mensch wird es wagen, dich anzugreifen bei den Fähigkeiten, die du hast. Bitte, hör auf, so mit uns zu sprechen!"
Jesus aber schaute seine Freunde an, die noch ganz verunsichert waren, und sagte in scharfem Ton zu Simon: „Was ich gesagt habe, habe ich auch so gemeint. Versuche nicht, mich umzustimmen, Simon, denn wir müssen die Dinge sehen, wie sie nun mal sind. Deine gutgemeinten Ratschläge kommen mir gottlos und teuflisch vor, weil du nicht weißt, worum es eigentlich geht. Du denkst von einem menschlichen Standpunkt aus und hast keine Ahnung, wie Gott die Dinge sieht!"
Als sie nach Lübeck kamen und er von vielen erkannt wurde, strömte wieder eine Menschenmenge zusammen. Jesus ergriff die Gelegenheit, um an die Leute und an seine Anhänger ein paar ernste Worte zu richten: „Wenn einer mit mir kommen will, um von mir zu lernen und mit mir zu leben, dann muß er bereit sein, zu vielen Dingen nein zu sagen, die sonst zu einem normalen Leben dazugehören. Ja, er sollte bereit sein, seine Lebensaufgabe anzunehmen und nicht mehr davor wegzulaufen, auch wenn sie wie eine Last drückt. Und wer zu mir gehört, muß sogar damit rechnen, dafür mit seinem Leben zu bezahlen.

Aber das andere gilt auch: Wer alles daransetzt, ein gutes und angenehmes Leben zu führen, der wird gerade das verlieren. Wer aber ein angenehmes Leben aufs Spiel setzt, weil er zu mir gehört und meinen Worten vertraut, gerade der wird ein noch intensiveres und besseres Leben finden. Und überlegt doch einmal: Was habt ihr davon, wenn ihr steinreich seid, aber dann nicht mehr wißt, warum und wozu ihr eigentlich auf der Welt seid? Dann nützt euch doch der ganze Reichtum nichts. Zu wissen, warum und wozu man lebt, das kann man nicht mit Geld bezahlen.

Und dann muß ich euch noch sagen, daß dieses Leben hier auf der Erde nicht alles ist. Es ist ja nur ein Anfang. Und das bedeutet: wenn ihr euch hier nicht traut, meinen Worten zu glauben und nach ihnen zu leben, wenn ihr sie für überflüssiges Gerede haltet und sie als religiöses Geschwätz abtut, dann werdet ihr spätestens nach eurem Tod im Angesicht der unsichtbaren Welt und vor Gott erkennen, daß dann auch Gott euer Leben wie ein unnützes Geschwätz beurteilen wird."

9

Zu seinen Jüngern sagte er später: „Ich bin sicher, unter euch gibt es einige, die nicht sterben werden, bevor sie nicht erlebt haben, was für eine Kraft und Herrlichkeit hinter der unsichtbaren Welt Gottes steckt."

Nach der Ansprache in Lübeck fuhren Jesus und seine Freunde wieder in Richtung Süden, diesmal in die Nähe der Alpen. Sie kamen in ein Dorf, wo sie in einer Pension wohnen konnten. Da entschloß sich Jesus, eine Bergtour zu machen, und nahm seine drei engsten Freunde mit: Simon, den er manchmal Peter nannte, Jakob und Hannah. Zu viert stiegen sie auf einen Berg und gerieten in eine völlige Stille und Einsamkeit. Sie machten Rast, und Jesus zog sich ein wenig zurück, um zu beten. Da sahen seine Begleiter, wie Jesus von innen heraus allmählich verwandelt wurde, wie sein Gesicht und seine ganze Gestalt anfing zu glänzen, ein Licht, das von einer völlig anderen Qualität war als das der Sonne und das man auch nicht einfach als weiß bezeichnen konnte. Die Farbe Weiß wäre dagegen grau gewesen.
Plötzlich war Jesus nicht mehr allein, sondern zwei Gestalten, die ebenso glänzten wie er, standen neben ihm. Intuitiv wußten die drei Freunde, daß es Franziskus von Assisi und Martin Luther waren. Keiner hatte es ihnen gesagt.

Da fing Simon an zu reden, denn irgend etwas mußte gesagt werden: „Jesus, es ist gut, daß wir jetzt hier sind. Wir könnten doch drei Berghütten bauen und immer hier bleiben. Eine Hütte für dich, eine für Franziskus und eine für Martin Luther."
Aber Simon war noch ganz wirr im Kopf und redete nur so daher. Er und die anderen beiden wußten auch nicht, was das war: eine Vision, eine Art Traum oder etwas ganz anderes. Jedenfalls war ihnen unheimlich zumute.
Während Simon noch sprach, wurden sie von einem leuchtenden Nebel eingehüllt, von einer Wolke, die so aussah, als würde sie die Sonne nicht brauchen, um zu leuchten.
Sie hörten eine Stimme, die aus dem glänzenden Nebel kam und zu ihnen sagte: „Dies ist mein Sohn, den ich liebe. Hört auf ihn."
Als die Wolke sich auflöste und Simon, Jakob und Hannah sich umblickten, sahen sie auf einmal nur noch Jesus, die beiden anderen Gestalten waren verschwunden.
Während sie vom Berg herabstiegen, bat Jesus seine Freunde, dieses Erlebnis niemandem zu erzählen, jedenfalls solange nicht, bis er nach seinem gewaltsamen Tod auferstanden sei. Sie dachten über diesen Satz nach, besonders darüber, was er wohl damit gemeint habe, als er zu ihnen sagte: „Auferstehung nach meinem gewaltsamen Tod."
Während sie weiter ins Tal hinuntergingen, fragten sie ihn unter anderem auch, warum manche frommen Christen behaupteten, daß erst noch ein paar bestimmte Ereignisse passieren müßten, bevor Gott endgültig sein Friedensreich aufbauen konnte.
„Das kann schon sein", erwiderte Jesus, „daß noch diese und jene Dinge eintreffen müssen, aber die meisten vergessen, daß es unwichtig ist, in welcher Reihenfolge zukünftige Ereignisse ablaufen. Wichtiger ist, daß etwas geschieht, das

im Zentrum der Geschichte passiert und dadurch alles verändert. Und das ist schon geschehen und wird wieder geschehen, wenn einer, der von Gott gesandt ist, leidet.
Ganz abgesehen davon, ist ein großer Prophet schon längst gekommen, und keiner hat es richtig gemerkt. Im Gegenteil, man hat ihn behandelt wie das letzte Stück Dreck."
Als sie schließlich wieder unten im Dorf angelangt waren, sahen sie eine Menschenansammlung und die Freunde von Jesus mittendrin. Ein katholischer Priester und ein evangelischer Pfarrer waren auch dabei und redeten gerade auf sie ein. Als die Leute Jesus sahen, wurden sie unruhig, und man ging ihm entgegen und begrüßte ihn. Er fragte die Umstehenden: „Was ist denn los? Warum die ganze Aufregung?"
Da antwortete ein Mann: „Ich wollte meinen Sohn zu Ihnen bringen. Er ist schon länger von einer Krankheit geplagt. Oft hat er epileptische Anfälle und wälzt sich dann auf dem Boden, knirscht mit den Zähnen und hat Schaum vor dem Mund. Sein Körper wird dann ganz starr. Die Medikamente, die er bekommt, helfen nicht immer. Ich habe nun Ihre Begleiter gefragt, ob sie meinen Sohn nicht heilen könnten. Aber sie konnten es nicht."
Da seufzte Jesus laut und sagte: „Armes Deutschland. Manchmal komme ich mir vor wie unter Gottlosen. Ich weiß nicht, wie lange ich es hier noch aushalten soll! Bringt den Jungen her zu mir!"
Als der Junge kam, wurde er von einem neuen Anfall geplagt, so daß er hin und her wankte, zu Boden fiel und sich schäumend herumwälzte. Jesus fragte den Vater: „Wie lange hat er das schon?"
„Seit seiner Kindheit. Manche Anfälle hat er nur knapp überlebt, weil er ins Wasser fiel oder gegen die Heizung. Wenn Sie etwas können, dann geben Sie sich einen Ruck und helfen Sie uns."

Jesus schaute den Vater an und sagte: „Sie sagen zu mir: Wenn Sie etwas können? Was ist denn das für eine Einstellung? Wissen Sie denn nicht, daß alles möglich ist, ja, daß sogar Wunder passieren können, wenn jemand richtig vertraut?"

Da rief der Vater laut und verzweifelt: „Ich vertraue Ihnen ja, aber Sie müssen mir dabei helfen! Ich komme gegen mein Mißtrauen allein nicht an!"

Als Jesus bemerkte, wie immer mehr Leute zusammenströmten, rief er dem ohnmächtigen Jungen zu, als ob der ihn verstehen könnte: „Ich will, daß diese bösartigen Anfälle von heute an aufhören und nie mehr zurückkommen! Hörst du?"

Da setzte ein erneuter Anfall ein. Der Junge schrie und blieb dann regungslos liegen, so daß die Umstehenden sagten: „Er ist tot."

Jesus aber kümmerte sich nicht um die Kommentare, sondern bückte sich, ergriff den Jungen bei der Hand und richtete ihn auf. Und er kam wieder auf die Beine.

Als alles vorbei war und der Geheilte mit seinem Vater nach Hause gegangen war, fragten Jesus' Freunde, warum es bei ihnen nicht geklappt habe mit der Heilung. „Diese Art von Krankheit", antwortete er, „erfordert eine starke innere Verbindung mit Gott."

Am nächsten Tag gingen sie weiter, wieder nach Norden, Richtung Bodensee. Jesus achtete sorgfältig darauf, daß sie nicht erkannt wurden, denn er wollte mit seinen Freunden allein sein, weil er ihnen noch so viel zu erzählen hatte.

Unter anderem sagte er zu ihnen: „Vergeßt es nie: eines Tages wird ein Unschuldiger, Gottes Stellvertreter, verurteilt werden, leiden und sterben müssen. Aber einige Tage nach seinem Tod wird er wieder lebendig sein." Seine Freunde rätselten herum, ob er vielleicht den Papst damit meinte oder sich selbst. Sie begriffen nicht, wozu das gut sein sollte, aber Jesus hatte so ernsthaft zu ihnen gesprochen, daß sie es auch nicht wagten, ihn direkt zu fragen.

*

Schließlich erreichten sie wieder einmal Lindau, und Jesus wohnte eine Zeitlang in dem Haus, das ihm jemand zur Verfügung gestellt hatte. Nachmittags, als sie zusammen Kaffee tranken, fragte Jesus seine Begleiter: „Worüber habt ihr unterwegs gesprochen? Es hörte sich nach einem heftigen Wortwechsel an!" Jesus wußte natürlich, worum es ging, es war ja laut genug gewesen. Er wollte nur, daß sie es noch einmal aussprachen.
Aber sie schwiegen, weil es ihnen etwas peinlich war, zuzugeben, daß sie über die Hackordnung gestritten hatten, also darüber, wer unter ihnen der Größte und Beste sei.
Da stellte er seine Tasse ab, wandte sich an seine zwölf engsten Mitarbeiter und sagte: „Wenn einer etwas Großes darstellen will, dann ist das zunächst nichts Schlechtes, solange er seine Stellung dazu gebraucht, um Gutes zu tun. Darüber sollte man offen reden. Aber es ist wichtig, daß so jemand lernt, auch sogenannte niedere Dienste zu tun. Denn Herrschen in Gottes neuer Ordnung bedeutet in erster Linie, anderen zu helfen und zurückstehen können. Also jemand, der ein hohes Amt bekleiden will, sollte das ruhig anstreben, aber er oder sie muß auch fähig sein, den Abfalleimer zu leeren oder die Spülmaschine auszuräumen oder andere bei Tisch zu bedienen. Je mächtiger einer wird, desto wichtiger ist es, dienen zu lernen, sonst wird man von der Macht abhängig und zerstört sich selbst und andere."
Und Jesus rief ein Kind zu sich, das gerade durch den Raum lief, um zu sehen, ob es noch Kuchen gab; er umarmte es lie-

bevoll und stellte es in die Mitte. „Seht euch dieses Kind an. Und nehmt seine unkomplizierte Art in euch auf. Auch Kinder streiten sich darum, wer von ihnen der Größte ist oder der Anführer, aber dann vergessen sie es auch wieder und spielen zusammen. Darum ist es manchmal gut, Kinder um sich zu haben, ja vielleicht sogar ein Kind zu adoptieren. Kinder helfen einem, natürlich zu bleiben. Und wenn ihr von dieser Art zu leben lernt, dann nehmt ihr in Wirklichkeit meine Art zu leben und Gott selbst in euch auf. Denn bei Gott lebt man nicht streng und vebissen, sondern entwickelt eine heitere, kindliche Gelassenheit."
Später unterhielten sie sich noch über ein anderes Thema, das Hannah angeregt hatte, nämlich darüber, wie weit oder wie eng es bei Gott zugehe. Hannah hatte nämlich einen Mann beobachtet, der nicht zu ihrem Kreis gehörte und Jesus auch nicht nachfolgte. Dieser Mann war dabei, Kranke und Geistesgestörte zu heilen, indem er den Namen Jesus gebrauchte und durch das Vertrauen auf die Macht, die Jesus hatte, vielen Menschen half und sie gesund machte. Hannah und ein paar andere hatten den Mann daran gehindert, so etwas zu tun, weil sie dachten: Das geht doch nicht. Da schmückt sich jemand mit fremden Federn. Und wer weiß, was dieser Mann sonst noch alles macht! Hannah wollte nun wissen, wie Jesus darüber dachte.
„Hindert ihn nicht daran", sagte Jesus, „das ist doch eine gute Reklame für uns. Wer in meinem Namen etwas Gutes tut, wird hinterher auf keinen Fall Schlechtes über mich sagen. Wißt ihr, Gottes neue Welt ist größer als unser kleiner Kreis hier, die christlichen Kirchen oder das jüdische Volk. Gott arbeitet mit vielen Möglichkeiten. Wer nicht direkt gegen uns ist, der ist in diesem Fall für uns, weil er uns nicht schadet. Laßt ihn also ruhig weiter in meinem Namen Leuten helfen. Ich brauche kein Mitgliederverzeichnis. Wer zu

uns gehört und wer nicht, das wird sich irgendwann von selber regeln."
Als alle erstaunt waren und schwiegen, fuhr Jesus fort: „Es gibt Leute, die werden nie den Weg in meine direkte Nachfolge finden, aus den unterschiedlichsten Gründen, und trotzdem gehören sie zu Gott, und ich werde sie eines Tages in Gottes neue Welt einladen und freue mich schon auf ihre erstaunten Gesichter. Ich will euch auch sagen, woran man solche Leute erkennt, die keine offiziellen Kirchenmitglieder sind, sich vielleicht nicht einmal Christen nennen und dennoch zu Gott gehören: sie sind in ihrem Inneren mit Liebe erfüllt und haben dem Heiligen Geist Raum gegeben, ohne es gemerkt zu haben. Wenn ihr ihnen begegnet und durstig oder hungrig seid, geben sie euch zu essen oder zu trinken, selbst wenn es gefährlich für sie sein sollte. Gottes Liebe lebt in ihnen, und er sieht das und wird es ihnen hoch anrechnen.
Wahrscheinlich ist dieser Wunderheiler, von dem Hannah erzählt hat, so ein Mann. Also verachtet die Leute nicht, die keine Christen sind und sich nicht zu meinen Nachfolgern rechnen. Unter ihnen gibt es welche, die zu uns gehören, ohne es zu wissen."
Inzwischen war es dunkel geworden. Aber keiner stand auf, um Licht zu machen, denn was Jesus sagte, brachte viele ins Nachdenken.
Und Jesus redete weiter: „Jetzt muß ich euch noch etwas sehr Ernstes sagen. Ihr werdet immer wieder Menschen treffen, auch unter uns, von denen man sagen könnte: Die sind kein großes Licht. Sie sind schüchtern, trauen sich nichts zu, wissen auch nicht viel, und man übersieht sie gern. Sie sind manchmal etwas naiv und kindlich, und die Leute machen sich über sie lustig. Sie werden nie etwas Beeindruckendes sagen. Ihr Glaube an Gott ist so schlicht und einfach, daß

man manchmal denkt: So kann man doch nicht an Gott glauben.
Aber eines sage ich euch: Diese Menschen sind Gott besonders wichtig. Ja, sie sind seinem Herzen ganz nahe, und wehe dem, der sie durcheinanderbringt oder ihnen den Glauben nimmt, denn sie sind sehr leichtgläubig und vertrauensselig. Wer diesen Menschen schadet und ihnen die Liebe zu Gott nimmt, die ihr einziger Halt ist, der kann sich gleich einen Strick nehmen oder sich von einer Brücke stürzen. Denn es ist ein schreckliches Verbrechen in den Augen Gottes, einem Menschen das Vertrauen zu Gott wegzunehmen.
Ihr mögt vielleicht sagen: Es gibt vieles, was man so gedankenlos dahersagt oder tut, und manche blöden Gewohnheiten kann man schlecht ablegen.
Das stimmt nicht. Euer eigener Wille ist stärker, als ihr denkt. Manchmal hindern euch schlechte Gewohnheiten daran, richtig zu leben oder anderen mit Liebe zu begegnen, dann trennt euch davon! Das tut weh, so als ob man sich die Hand abhackt. Aber es ist besser, mit Verletzungen in das Leben, das Gott uns anbietet, einzutreten, als mit allen schlechten Gewohnheiten ins Verderben zu laufen.
Und manchmal hindern einen Orte und Dinge daran, richtig zu leben oder anderen mit Liebe zu begegnen, weil sie einen magisch anziehen. Dann trennt euch davon! Das tut weh, so als ob man sich einen Fuß abhackt. Aber es ist besser, mit Verletzungen in das Leben, das Gott uns anbietet, einzutreten, als mit einer falsch verstandenen Freiheit ins Verderben zu laufen.
Manchmal hindert euch eine falsche Einstellung oder Sichtweise daran, richtig zu leben oder den anderen mit Liebe zu begegnen, dann löst euch davon und laßt euch von Gott eine neue Einsicht schenken. Das tut weh, so als ob man sich ein Auge ausreißt. Aber es ist besser, mit Verletzungen in das

Leben, das Gott uns anbietet, einzutreten, als mit tausend Augen, die alles sehen wollen, im Verderben zu landen, dort, wo alles zerstört wird, was die Liebe trägt.

Es ist gut, wenn man euren Lebensstil herausschmeckt aus der faden Brühe der allgemeinen Ansichten. Ihr gleicht dann dem Salz, das eine Sache erst schmackhaft macht. Aber was passiert, wenn auch ihr so lebt wie alle anderen? Dann wird das Leben langweilig und schal. Das Salz hat dann seine Kraft verloren.

Seid also mutig und wagt es, an manchen Stellen nein zu sagen und ein entschiedenes Leben zu führen, aber seid untereinander bereit, Frieden zu halten."

10

Von dort brach Jesus auf und fuhr mit seinen engsten Begleitern in die Gegend von Frankfurt und dann weiter ins Rheinland nach Köln, wo gerade Karneval war. Und wieder scharten sich Menschen um ihn und wollten ihn hören, und er redete zu ihnen.
Während dieser Zeit, in der die Leute ausgelassen und fröhlich waren und wo man von seiten der Kirche immer ein paar Augen zudrückte, kamen Journalisten auf ihn zu, um ihn zu fragen, was er zum Thema Partnerschaft zu sagen hatte. Es war nämlich das Gerücht entstanden, daß Jesus auf diesem Gebiet ziemlich eindeutige Überzeugungen vertrat.
„Was halten Sie von der Ehescheidung?" fragten sie.
„Was steht denn im Grundgesetz darüber?" gab er zurück.
Einer von ihnen sagte: „Nicht viel. Nur: Ehe und Familie stehen unter dem besonderen Schutz der staatlichen Ordnung, Artikel sechs."
„Das finde ich auch", sagte Jesus, „und ich möchte noch hinzufügen: Ehe und Familie stehen auch unter dem besonderen Schutz Gottes."
Damit wollte Jesus das Interview beenden, aber die Reporter ließen nicht locker, sondern fragten weiter: „Und wenn man sich nun doch scheiden lassen muß, Sie wissen, es gibt manchmal Entwicklungen ..."

„Sicher, manchmal scheint es besser zu sein, sich scheiden zu lassen, als eine Katastrophe zu verlängern. Aber ich möchte in diesem Zusammenhang nicht von einem Recht sprechen, das man in Anspruch nimmt. Es ist eine Notlage und immer eine zweischneidige Sache. Gott hat die Partnerschaft zwischen Mann und Frau ursprünglich anders gemeint, nicht als eine Kette von Trennungen und neuen Verbindungen."
„So?" fragten die Reporter, „wie denn?"
„Ursprünglich sind Männer und Frauen darauf angelegt, ihre Liebe in einer einzigen Beziehung zu entwickeln. Und die Entfaltung der Liebe zwischen einem Paar braucht manchmal Jahrzehnte. Dann kann man erst die Früchte ernten. Wenn die beiden sich gegenseitig vertrauen, kann sich eine sehr tiefe, leidenschaftliche Liebe zwischen ihnen entwickeln, so daß sie schließlich zu einer Einheit werden und trotzdem zwei Persönlichkeiten bleiben. Aber davon scheint man heute nicht mehr viel zu wissen."
„Sie plädieren also für eine traditionelle Ehe mit Trauschein und allem Drum und Dran?"
Jesus schüttelte den Kopf und sagte: „Sie haben überhaupt nichts verstanden. Die Form allein hilft nicht immer. Es gibt Ehen mit Trauschein, die nach außen harmonisch wirken, aber innen sieht es aus wie in der übelsten Gosse. Auch bei frommen Christen gibt es das. Außerdem werden die Formen des Zusammenlebens je nach Kultur ganz verschieden gehandhabt. Aber was wichtig ist, das ist das gegenseitige Vertrauen und eine innere Verbindung. Das ist eine Entscheidung, die immer wieder neu zwischen beiden Partnern gefällt werden muß. Und wer solch eine Partnerschaft lebt, der sollte sich nicht trennen, denn es ist so, als ob Gott selbst die beiden zusammengeführt hat."
Nachher fragten ihn seine Freunde noch einmal darüber aus, weil es ihnen zu streng vorkam, was Jesus gesagt hatte. Aber

er ging in dieser Sache keinen Kompromiß ein, sondern fügte sogar noch hinzu: „Man kann nicht einfach locker von einer Beziehung in eine andere übergehen. Da gibt es unsichtbare Verbindungen, die immer noch da sind und ihre Auswirkungen haben. Ob man will oder nicht, man nimmt bei einer Scheidung und Wiederverheiratung die problematische, frühere Beziehung mit wie eine zusätzliche Last, und der Bruch heilt nicht mit der Zeit, sondern wird eher größer, und die Ehepartner werden aneinander schuldig. Es gibt aber Ausnahmen, dort wo eine Beziehung so kaputt ist, daß sie beide innerlich zerfrißt und zerstört. Aber die Beziehung von Mann und Frau reicht tiefer, als man denkt."
Während sie noch standen und zusammen redeten, kam eine Gruppe mit Kindern und Erwachsenen auf Jesus zu: Eltern, Erzieherinnen und Verwandte der Kinder. Sie hatten gerade im Gemeindehaus der Kirche Fasching gefeiert und gehört, daß Jesus sich ganz in ihrer Nähe aufhielt. Da hatten sie beschlossen, zu ihm zu gehen und ihn zu bitten, die Kinder zu segnen.
Aber die Freunde und Begleiter von Jesus wurden ärgerlich, als die bunte Schar sich laut und lachend näherte, und sagten zu den Erwachsenen, das sei jetzt nicht der richtige Zeitpunkt, sie würden hier nur stören, man sei gerade in einem wichtigen Gespräch.
Als Jesus das mitbekam, wurde er sehr ungehalten über das, was seine Freunde in seinem Namen taten. Er wies seine Begleiter zurecht und sagte zu ihnen: „Was macht ihr nur? Laßt doch die Kinder zu mir kommen! Sie stören mich nicht. Im Gegenteil! Wißt ihr nicht, daß Kinder genau die richtige Einstellung zu Gott haben? Nehmt euch ein Beispiel an ihrer Unbekümmertheit und ihrem Vertrauen. Eins kann ich euch sagen: Wer das, was Gott uns anbietet, nicht annimmt wie ein Kind, wird niemals den Himmel betreten."

Und Jesus unterhielt sich mit den Kindern, nahm die Kleineren sogar auf den Arm und schmuste mit ihnen. Es machte ihm nichts aus, daß sein Gesicht von der Schminke ganz bunt wurde. Dann legte er jedem einzelnen Kind die Hand auf und segnete es.

Gerade als Jesus und seine Freunde sich von der Kindergruppe verabschiedet hatten und weitergehen wollten, rannte ein Mann über die Straße, fast hätte es einen Unfall gegeben, und kam auf Jesus zu. Er rief schon von weitem, daß Jesus auf ihn warten solle. Gespannt blieben alle stehen und waren neugierig, was er Wichtiges zu sagen hatte.

Als der junge Mann Jesus erreicht hatte, platzte er mit seinem Anliegen gleich heraus: „Verehrter Herr Pastor", sagte er aufgeregt, „was muß ich tun, um das ewige Leben zu bekommen, und was ist nötig, damit ich hundertprozentig weiß, daß ich von Gott akzeptiert bin? Ich habe schon alles mögliche ausprobiert..."

Die Leute, die dabeistanden, waren erstaunt. Diese Frage hätten sie bei dem jungen Mann, der sonst ganz flott aussah, gar nicht erwartet.

Jesus zog ihn in eine Seitengasse, weil die Autos einen zu großen Lärm machten, und sagte zu ihm etwas, das zunächst ziemlich ernüchternd klang: „Warum reden Sie mich mit ‚Verehrter Herr Pastor' an? Man sollte eigentlich nur Gott verehren! Außerdem bin ich kein Pastor irgendeiner Amtskirche. Um das ewige Leben zu bekommen, brauchen Sie keine geistlichen Höhenflüge zu veranstalten oder irgendwelche frommen Übungen zu machen, es genügt, wenn Sie die Menschen versuchen zu lieben. Es geht also im Grunde um die ganz praktischen Dinge: Bringen Sie niemanden um, zerstören Sie keine Ehe, nehmen Sie niemandem etwas weg, bleiben Sie bei der Wahrheit, achten Sie Ihre Eltern. Das genügt. Denn wer den anderen aufrichtig liebt, in dem lebt

auch die Liebe Gottes. Außerdem – es gibt bei Gott keine hundertprozentigen Garantien. Seine Liebe ist für Sie da, und Sie können sie nur annehmen wie ein Kind. Man kann sie sowieso nicht verdienen oder kaufen."
Der Mann, der begierig zugehört hatte, rief aus: „Aber die zehn Gebote habe ich doch schon immer beachtet."
Da schaute ihn Jesus voller Mitgefühl an, denn er merkte, daß es ihm nicht um das ewige Leben nach dem Tod ging, sondern um das ewige Leben jetzt. Jesus spürte, daß der junge Mann unausgefüllt dahinlebte. Und das machte ihn nervös und hektisch.
„Gut", sagte Jesus, „ich sehe, das Leben nach dem Tod ist nicht Ihr Problem. Wenn Sie wirklich jetzt schon intensiver leben wollen, dann fehlt Ihnen tatsächlich etwas Entscheidendes: Sie sollten alles auf eine Karte setzen. Verkaufen Sie alles, was Sie haben, geben Sie das Geld den Armen, befreien Sie sich von dem, was Ihnen die Luft zum Atmen nimmt, dann haben Sie nämlich etwas Bleibendes gewonnen, und dann kommen Sie und schließen Sie sich mir an, leben Sie mit uns ein Leben, das nach vorne offen ist und voller Überraschungen steckt."
Aber bei diesen Worten wurde der junge Mann ganz still, und man sah es seinem Gesicht an, daß Jesus seinen wunden Punkt getroffen hatte. Er drehte sich um und ging traurig davon. Denn er war sehr reich.
Als er gegangen war und die anderen noch nachdenklich herumstanden, sah Jesus sie an und meinte noch: „Es ist ganz schön schwer für reiche Leute, die in großer finanzieller Sicherheit leben, zu Gott zu gelangen und das ewige Leben jetzt schon in sich aufzunehmen."
Seine Freunde erschraken bei diesen Worten, denn für sie war Reichtum immer ein Segen Gottes gewesen. Hinter Leuten, die Erfolg haben, so dachten sie, steht doch Gott mit sei-

ner Macht. Sonst hätten sie es doch gar nicht so weit bringen können. Und jetzt behauptete Jesus, dieser Segen sei geradezu ein Hindernis. Nein, das konnte doch unmöglich sein! Aber Jesus führte seine Gedanken noch weiter fort und sagte zu ihnen: „Wie schwer ist es für die, die alles haben, den Schritt über die Grenze in Gottes neue Welt zu machen und all das Wunderbare anzunehmen, das Gott bereithält! Manchmal habe ich den Eindruck, daß ein Lastwagen noch eher durch ein Schlüsselloch paßt, als daß jemand, der in finanzieller Sicherheit lebt, offen wird für Gottes Welt."

Da erschraken die Umstehenden noch mehr, unterhielten sich darüber und meinten: „Wenn das so ist, wer kann denn dann überhaupt noch in Gottes neue Welt kommen?"

Jesus schaute sie an und antwortete: „Ja, vom menschlichen Standpunkt aus scheint es unmöglich zu sein. Aber aus Gottes Sicht ist es nicht ganz so niederschmetternd, denn Gott kennt Mittel und Wege, auch Leuten zu begegnen, die denken, sie hätten schon alles. Überhaupt ist bei Gott alles möglich."

Da nahm sich Simon ein Herz und fragte Jesus das, was die anderen im stillen dachten: „Jesus, du weißt, wir haben alles aufgegeben und verlassen, um mit dir zu gehen. Wie sieht es denn bei uns aus? Passen wir durch das Schlüsselloch?"

Jesus mußte bei diesen Worten lächeln und sagte: „Ihr macht euch schon wieder Sorgen. Aber keine Angst, ihr seid ja keine Lastwagen. Vergeßt nicht: Gott ist jemand, der sehr großzügig ist. Und was ich euch jetzt sage, darauf könnt ihr euch verlassen: Kein Mensch, der freiwillig für mich Opfer gebracht hat, wird von Gott vergessen. Alle, die ihr Haus oder ihre Familie oder ihren Besitz mit schwerem Herzen an die zweite Stelle gerückt oder sogar ganz verlassen haben, weil sie mir und meiner Botschaft die Treue hielten, werden hundertfach all das von Gott zurückbekommen. Jetzt schon,

auf dieser Erde, werden sie in vielen Häusern ein- und ausgehen und in vielen neuen Familien aufgenommen werden und viele neue Freunde gewinnen und über Besitz verfügen, auch wenn es ihnen äußerlich schlechtgehen sollte. Und in der neuen Welt Gottes schenkt Gott ihnen noch das ewige Leben dazu, in dem ja all das und noch viel mehr enthalten ist.
Da wird es dann Überraschungen geben, sage ich euch. Denn die, die immer gemeint haben, sie seien unter den ersten, werden ganz hinten stehen. Und die, die immer dachten, sie seien der letzte Dreck, die werden unter den ersten sein."

*

Als sie danach zum Bahnhof weitergingen und mit dem Zug Richtung Berlin fuhren, hatten die Freunde des Mannes aus Kassel ein mulmiges Gefühl dabei. Denn in Berlin war immer sehr viel los, und es hatte dort ein paar Zwischenfälle von Radikalen gegeben, die Jesus total ablehnten.
Als sie unterwegs eine Stunde Aufenthalt hatten, nahm Jesus seine zwölf engsten Mitarbeiter beiseite und sagte zu ihnen im Vertrauen, was ihnen alles bevorstehe: „Wir sind unterwegs nach Berlin", fing Jesus an und fuhr dann fort: „Ich weiß, daß euch das nicht paßt. Ihr habt Angst vor Angriffen. Und ich sage euch jetzt ganz klar, daß ihr damit auch rechnen müßt. Es hat keinen Sinn, der Gefahr auszuweichen. Ihr wißt, daß ich vieles voraussehen kann.
Ich werde in die Hände der Radikalen fallen, die im Auftrag der scheinbar Frommen arbeiten, die meinen, damit Gott und der Kirche einen guten Dienst zu tun. Sie werden es fertigbringen, die Leute gegen mich aufzuhetzen. Ich werde von allen abgelehnt werden, man wird mich auslachen, man wird mich sogar heimlich foltern und schließlich umbrin-

gen. Aber nach ein paar Tagen werde ich lebendig sein. Denkt daran."
Die Freunde von Jesus waren so geschockt, daß sie gar nicht darauf eingingen. Sie konnten sich das einfach nicht vorstellen, daß sich die Dinge so zuspitzen würden. Warum sollte gerade Jesus, der so viel Macht hatte, der sogar den Sturm unter Kontrolle bekam, warum sollte Jesus umgebracht werden? Das würde doch Gott niemals zulassen, dachten sie. Jesus war doch der neue Hoffnungsträger, nicht nur in Deutschland, sondern auch international.
Als sie dann alle etwas einsilbig weiterfuhren, fingen Jakob und Hannah plötzlich ein ganz neues Thema an. Sie waren sowieso immer der Meinung gewesen, daß Jesus eines Tages ganz groß rauskommen würde, und nahmen die Sätze, die Jesus auf dem Bahnhof gesagt hatte, einfach nicht ernst. Wahrscheinlich dachten sie, Jesus sei viel zu bescheiden und sähe alles zu negativ.
Jedenfalls sprachen sie ihn an und fragten: „Jesus, wir haben eine Bitte an dich."
„Nun, was wollt ihr von mir?"
„Wir möchten gerne deine beiden engsten Vertrauten sein, wenn du demnächst deine wahre Macht zeigst und das tausendjährige Reich Gottes in Deutschland aufrichtest. Denn das wird dann wirklich tausend Jahre halten und nicht wie das Dritte Reich bald zu Ende sein."
Jesus schaute sie an. „Ich bin gerührt, was ihr mir alles zutraut. Aber ihr habt mich wohl vorhin nicht richtig verstanden. Ihr habt keine Ahnung, um was es geht. Begreift doch endlich: Bevor sich meine Macht zeigt, muß ich zuerst eine bittere Pille schlucken und in den See des Leidens eingetaucht werden. Wenn ihr an meiner Macht teilhaben wollt, könnt ihr dann auch die Bitterkeit ertragen und das Leid aushalten, wenn euch das Wasser bis zum Hals steht?"

Die Geschwister antworteten schlicht und ein wenig naiv: "Ja. Das können wir."
Jesus schwieg zunächst, aber dann redete er so, als hätte er gerade einen Blick in die Zukunft getan: "Ja, ihr habt ganz recht. Ihr werdet tatsächlich eines Tages bittere Zeiten erleben, und ihr werdet im Leid fast ertrinken, aber ob ihr später meine engsten Vertrauten sein werdet, das lege nicht ich fest, sondern die werden es sein, die dazu bestimmt sind."
Als die übrigen Begleiter, die zum Teil in den anderen Abteilen saßen, das nachher hörten, wurden sie unwillig und regten sich darüber auf.

In Hannover unterbrach Jesus die Reise und stieg mit seinen Freunden aus. Sie setzten sich auf ein paar Bänke in der Nähe des Bahnhofs, und Jesus griff das Thema, das Jakob und Hannah angeschnitten hatten, noch einmal auf: "Hört her! Ich möchte euch etwas Grundsätzliches zum Thema Herrschen und Machtausübung sagen. Ich habe nämlich den Eindruck, daß es da ein paar Mißverständnisse gibt.
Wie ihr wißt, wird normalerweise Macht so ausgeübt, daß man andere unterdrückt. Das passiert überall, manchmal brutal und direkt in Diktaturen oder subtil und versteckt in einer Demokratie oder in der Wirtschaft. Und eigentlich ist dieses Phänomen überall zu finden, wenn Menschen zusammenkommen: In der Familie versucht man andere zu unterdrücken, in Vereinen und natürlich auch unter besonders frommen Christen. Dort ist es am gefährlichsten und gemeinsten, weil man da die Autorität Gottes in den Mund nimmt, um die eigenen Machtansprüche durchzusetzen..."
Die Freunde von Jesus nickten zustimmend. "Und nun", fuhr Jesus fort, "denkt ihr, daß das bei mir so ähnlich sein wird. Wenn ich meine Macht ausübe, oder wenn Gott seine Macht ausübt, dann werden die Ungläubigen gezwungen,

an Gott zu glauben und all das zu tun, was Gott will, so eine Art Schlußabrechnung, stimmt's?"

„Ja", sagte Jakob, „so stelle ich mir das vor. Schließlich sollen doch alle irgendwann merken, daß es Gott gibt und daß man sich ihm nicht widersetzen sollte. Wozu ist das Jüngste Gericht denn schließlich da?"

„Seht ihr", sagte Jesus, „das ist ein furchtbarer Irrtum. Bei mir ist das nicht so. Ich herrsche, indem ich anderen diene. Ich übe Macht aus, indem ich für andere um ihre Freiheit kämpfe bis zum Schluß. Ich werde niemals meine Feinde zwingen, mich anzuerkennen. Und auch Gott wird das niemals tun. Wer die Freiheit anderer zerstört, zerstört die anderen und langfristig auch sich selbst. Auch nicht beim Jüngsten Gericht wird diese Art von Macht ausgeübt. Kein Mensch soll jemals gezwungen werden, an Gott zu glauben. Viele Menschen werden natürlich die Folgen ihrer Taten kennenlernen, das ist klar. Aber es bleibt dabei: Entweder werden die Menschen freiwillig Gottes Herrschaft anerkennen oder nie. Und deshalb sollte dieses Prinzip auch unter euch herrschen.

Es ist nicht schlecht, wenn ihr hoch hinauswollt und Ehrgeiz nach hohen Ämtern habt, aber denkt daran, wer das will, der sollte daran arbeiten, auch die kleinen Dinge nicht zu vergessen, um von der Macht nicht vergiftet zu werden. Wer eine hohe Position hat, sollte in der Lage sein, auch sogenannte niedere Dienste auszuüben. Sonst mißbraucht er seine Macht.

Wenn ihr hoch hinauswollt, dann geht das nur, wenn ihr auch tief hinabsteigt. Dann werdet ihre eure Macht nicht mißbrauchen. Wer Menschen führt, muß den Mut zum Dienen haben, sonst verführt er Menschen, ohne es zu merken. Schaut mich an! Ich versuche nach dieser Überzeugung zu leben. Denn ich bin nicht hier, um mich von allen bedienen zu lassen, sondern ich bin hier, damit ich anderen durch das, was ich bin, diene. Ja, das Dienen geht bei mir so weit, daß ich bereit bin, mein Leben zu opfern, damit andere neue Hoffnung haben und wieder leben können."

Als sie nachher durch die Innenstadt von Hannover zogen, durch die Fußgängerzone, strömten viele Menschen zusammen, weil man Jesus erkannte. Jesus und seine Freunde mußten sich förmlich durch die Massen kämpfen, um weiterzukommen.
Bei einem Kaufhaus um die Ecke saß ein Bettler, der hatte einen Hut neben sich auf dem Boden stehen und bettelte um Almosen. Er hieß Tim Ewers und war blind. Als der hörte, daß Jesus ganz in der Nähe war, fing er an, herumzuschreien: „Hilfe! Jesus, hilf mir!"
Die Leute, die um ihn herumstanden, fuhren ihn wütend an und sagten: „Wirst du wohl aufhören mit deinem Geschrei! Das klingt ja gerade, als ob ein Schwein abgestochen wird!"
Aber Tim Ewers ließ sich davon nicht einschüchtern; er spürte: es kam jetzt alles darauf an, sich bemerkbar zu machen, und so brüllte er noch lauter, so laut, wie er noch nie in seinem Leben gebrüllt hatte: „Hilfe! Hilfe! Jesus! Hilf mir!" Es hörte sich sehr unangenehm an, und die Leute dachten, da wird einer umgebracht.
Da blieb Jesus stehen, weil er an diesem Schrei nicht vorbeigehen wollte, und sagte: „Bringt den Mann her, der so laut nach mir schreit!"
Da riefen sie dem Blinden zu: „Hör auf mit deinem Gebrüll. Los, steh auf, du hast Glück, Jesus will dich sehen!" Und der Blinde warf seinen Mantel ab, der ihn doch nur behindert hätte, sprang auf die Füße und kämpfte sich zu Jesus durch. Als er ihn schließlich erreicht hatte, fragte ihn Jesus: „Warum schreist du so laut um Hilfe? Was willst du denn von mir?"

Tim Ewers sagte noch ganz außer Atem: „Ich möchte wieder sehen können!"
Da meinte Jesus nur zu ihm: „Du kannst sehen. Dein Vertrauen zu mir hat dich schon gesund gemacht."
Und tatsächlich, von diesem Augenblick an konnte der Blinde wieder sehen und schloß sich sofort der Gruppe um Jesus an.

11

Endlich erreichten sie Berlin, stiegen aber nicht am Bahnhof Zoo aus, sondern schon in Potsdam, wo Jesus ein paar gute Freunde kannte.
Während er dort Quartier bezog, schickte er zwei seiner Begleiter los und sagte: „Wenn ihr in Richtung Schloß geht, kommt ihr an der Friedenskirche vorbei. Dort werdet ihr ein blaugraues VW-Cabrio stehen sehen. Ich habe mit meinen Freunden abgemacht, daß sie den Schlüssel stecken lassen sollen. Ihr geht also zu dem Auto, steigt ein, es ist offen, und fahrt damit zu mir. Und wenn euch einer fragt, warum ihr diesen Wagen nehmt, dann sagt einfach: Er wird gebraucht. Diesen Satz habe ich abgemacht, damit nicht irgendwelche Autodiebe einsteigen. Ihr wißt, wir müssen vorsichtig sein, ich muß noch ein paar Dinge in Berlin erledigen und möchte auf keinen Fall von irgendwelchen Leuten daran gehindert werden, deshalb diese Vorsichtsmaßnahmen."
Es war genau so, wie Jesus es gesagt hatte. Die zwei Freunde von Jesus fanden das Auto, es war nicht abgeschlossen, und der Schlüssel steckte im Schloß. Als sie gerade einsteigen wollten, kam ein Mann auf sie zu und fragte sie: „Was wollen Sie mit dem Wagen?" Darauf sagten sie die abgemachte Parole: „Er wird gebraucht." Und man ließ sie fahren.
Nach einer halben Stunde waren sie wieder zurück in ihrem

Quartier. Jesus hatte inzwischen einen hellen Anzug angezogen und sagte: „Wir fahren jetzt los. Wenn wir den Funkturm erreicht haben, klappt ihr das Verdeck auf, und dann werden wir langsam weiterfahren, mitten auf der Straße wie in einem Triumphzug."
Es schien, als ob viele Menschen informiert worden waren, denn während Jesus im offenen Wagen stehend durch Berlin fuhr, strömten von allen Seiten Leute zusammen, klatschten Beifall oder riefen in Sprechchören: „Jesus, unser Supermann, der uns allen helfen kann!" Andere warfen Konfetti in die Luft oder Papierschlangen.
Es kam natürlich zu einem Verkehrschaos. Die Autos konnten wegen der vielen Leute, die die Straßen blockierten und neben dem Auto herliefen, nicht weiterfahren. Die Ampeln wurden nicht mehr beachtet, Autos hupten, Menschen schrien oder sangen Lieder, es gab Auffahrunfälle.
Irgendwann bahnte sich eine Polizeistreife einen Weg durch die Massen. Die Beamten riefen Jesus zu: „Ihre Demo ist gar nicht genehmigt! Hören Sie sofort auf mit dem Unsinn!"
Sie waren kurz davor, Jesus mit Gewalt festzunehmen, aber dann spürten sie, daß das die Stimmung unnötig aufgeheizt hätte. Außerdem sahen sie Fernsehkameras, die die Bilder später um die Welt schicken würden, und so ließen sie das Auto weiterfahren. Immer wieder riefen die Sprechchöre dazwischen: „Jesus, unser Supermann, der uns allen helfen kann!" Oder: „Jesus an die Macht!"
Einer der Beamten schrie Jesus noch zu: „Es ist genug! Schluß mit dem Theater. Sagen Sie doch, daß die Leute ruhig sein sollen!"
Aber Jesus rief zurück: „Zu spät. Man kann sie nicht mehr stoppen. Wenn Sie die Leute daran hindern, wird es ein einziges Chaos geben!"
Schließlich erreichte der Triumphzug die Kaiser-Wilhelm-

Gedächtniskirche. Jesus ließ den Wagen anhalten und ging mit seinen Freunden in den Gottesdienstraum, der im Nu voller Menschen war. Er sprach ein paar Worte zu den aufgekratzten Leuten, so daß sie sich allmählich beruhigten.
Und bevor man ihn festnehmen konnte, war er schon wieder in den Wagen gestiegen und nach Potsdam zurückgefahren.

Am anderen Tag, als Jesus außerhalb der Stadt mit seinen Mitarbeitern einen Morgenspaziergang machte, kamen sie an einer Eiche vorbei, die am Waldrand stand und gerade die ersten Blätter nach dem Winter trieb. Das war ein ziemlich großer, beeindruckender Baum.
Jesus blieb stehen und schaute ihn an, dann redete er die Eiche an und sagte: „Du siehst zwar groß und beeindruckend aus, aber in Wirklichkeit bist du krank und von innen verfault, und ich will, daß das auch nach außen sichtbar wird."
Die anderen, die dabeistanden, wunderten sich über diese Worte, sagten aber nichts dazu.

An diesem Tag fing in Berlin der Kirchentag an. Zum ersten Mal war er ökumenisch vorbereitet worden. Katholische und evangelische Theologen hatten sich endlich nach Jahren durchgerungen, eine gemeinsame Veranstaltungsreihe durchzuführen. Ob es in Zukunft nur noch ökumenische Kirchentage geben würde oder getrennte, das hing unter anderem auch von diesem Modell ab. Selbst der Papst hatte seinen Besuch angekündigt.
Jesus war an dieser Entwicklung immer sehr interessiert gewesen und hatte mit einigen Vertretern beider Konfessionen oft darüber gesprochen, wie wichtig es sei, Schritte aufeinander zu zu machen.
Er wollte deshalb unbedingt dabeisein und fuhr mit Zug und U-Bahn in die City. Er hatte unauffällige Kleider angezogen

und trug eine Sonnenbrille, damit er unerkannt einige Veranstaltungen besuchen konnte.
Als er in einer der Hallen eintraf, zwei Stunden vor Beginn, um noch einen Platz zu bekommen, mußte er sich erst durch einen ganzen Wald voller Stände und Initiativen durchkämpfen. Ein großes Gedränge und Geschiebe herrschte dort. Es war ziemlich verwirrend, wie viele Gruppen und Leute es gab, die irgend etwas im Rahmen der Kirche anboten. Es gab CD-Stände mit den neusten christlichen Liedern und Popgruppen, Videovorführungen, die biblische Filme zeigten oder Interviews mit bekannten, religiösen Persönlichkeiten, man konnte sich die Haare schneiden lassen oder sich schminken, es gab Räume der Stille, in denen liturgische Andachten gefeiert wurden. Antiquarische, christliche Bücher wurden versteigert, um mit dem Erlös Obdachlose zu unterstützen, man sah Bilderausstellungen von christlichen Künstlern, Tanzgruppen und Selbsthilfegruppen stellten sich vor, man wurde informiert über die neusten Gesundheitsrisiken, es wurde geworben für einen Motorradgottesdienst, Mönche und Nonnen liefen über den Platz, blieben stehen und sangen ein Lied mit Gitarre vor, und natürlich konnte man immer etwas trinken oder einen kleinen Snack essen. Es war unglaublich, was alles angeboten wurde.
Jesus, der auf dem Weg zu einem Veranstaltungsraum war, um bei einer Bibelarbeit zuzuhören, die ihn interessierte, kam kaum vorwärts. Seine Freunde verloren ihn manchmal aus den Augen. Schließlich sagte man ihm, daß der Raum voll sei und keiner mehr hineingehen dürfe.
Jesus blieb an einer Ecke stehen, lehnte sich gegen einen Verkaufsstand und schloß die Augen. Dann richtete er sich auf, blickte sich um und fing mit einem Mal an, einige Tische umzuwerfen. Es gab ein fürchterliches Durcheinander.

Damit hatte keiner gerechnet. Bücher und CD's lagen auf dem Boden herum und wurden zertrampelt, und Jesus ging von Stand zu Stand und riß einfach die Sachen herunter, die darauf lagen. Ein Fernsehgerät fiel um und implodierte, so daß es Scherben gab, Frauen kreischten, jemand rief durchs Mikrophon: „Ruhe! Bewahren Sie Ruhe!" Fischbrötchen, Cola und Bier klebten am Boden fest, und der Tumult schwoll an.

„Als ich mitbekam, was Jesus da anrichtete", sagte einer seiner Freunde später, „war ich zunächst völlig fassungslos, ich traute meinen Augen nicht! Was war bloß mit Jesus los, der doch sonst so liebevoll mit Menschen umging? Dann sah ich, wie Jesus auf einen der Tische kletterte, sich von irgendwo ein Mikrofon griff und mit Donnerstimme durch den Raum brüllte: ‚Sind unsere Gottesdienste nicht dazu da, daß man zur Ruhe kommt und zu Gott umkehrt? Ihr aber habt eine riesige Verkaufsveranstaltung darum herumgebaut! Die Kirche ist zu einem Wirtschaftsunternehmen verkommen!' Ich sah nur noch, wie Jesus dann vom Tisch sprang und in dem Chaos verschwand."

Als die Veranstaltungsleiter beider Kirchen davon hörten, setzten sie sich zu einer Krisensitzung zusammen und überlegten, wie sie gegen Jesus vorgehen sollten. Denn was er sich da geleistet hatte, sprengte jeden Rahmen. Ausgerechnet jetzt, wo so eine positive, geistliche Bewegung stattgefunden hatte, brachte Jesus alles durcheinander. Und auch dieser merkwürdige Einzug in Berlin schmeckte den Vertretern der Kirchen nicht. Aber die größte Frechheit war, daß Jesus so tat, als sei er der rechtmäßige Vertreter des christlichen Glaubens, obwohl er doch aus einer jüdischen Familie stammte und man nicht einmal wußte, ob er nun katholisch oder evangelisch war. Sie mußten einen Weg finden, Jesus mundtot zu machen. Womöglich gründete er noch eine wei-

tere, neue Konfession und trieb dadurch noch mehr Leute aus der Kirche.
Aber die Kirchenvertreter wußten auch, daß sie vorsichtig handeln und jedes Aufsehen vermeiden mußten, denn viele standen hinter Jesus und bewunderten heimlich seinen Mut und das, was er sagte und tat.
Gegen Abend verließen Jesus und seine Begleiter dann die Stadt und gingen wieder in ihr Quartier zurück.

Als sie am nächsten Morgen an der großen Eiche vorbeikamen, sahen sie, daß der Baum völlig vertrocknet war und alle neuen Blätter verloren hatte. Da erinnerte sich Simon an das, was Jesus gestern zu dem Baum gesagt hatte, und machte Jesus darauf aufmerksam: „Schau dir das an", meinte er erstaunt, „der Baum, zu dem du gestern gesprochen hast, ist jetzt tatsächlich verdorrt. Deine Prognose war richtig. Er war schon von innen verfault. Aber daß man das so schnell sehen konnte, hätte ich nicht gedacht. Wie ist das möglich, daß so etwas geschieht? Bist du ein Zauberer?"
Jesus lächelte, wandte sich auch an die anderen und sagte: „Ich kann euch nur eines ans Herz legen: Habt Vertrauen zu Gott! Glaubt mir: was ich euch jetzt erkläre, ist hundertprozentig wahr. Wenn ihr in diesem unbedingten Vertrauen zu Gott steht, dann könnt ihr zu dem größten Hindernis, das sich wie ein Berg vor euch auftut, sagen: ‚Weg mit dir! Verschwinde im Meer!' Und wenn ihr im Innersten nicht daran zweifelt, sondern darauf vertraut, daß so etwas passieren kann, dann wird es auch geschehen.
Wenn ihr in dieser Haltung Gott um etwas bittet, dann geht einfach davon aus, daß ihr es schon bekommen habt, und ihr werdet sehen, daß es euch tatsächlich eines Tages geschenkt wird. Wenn ihr betet, dann achtet darauf, daß ihr dem anderen vergebt und das losläßt, was ihr gegen jeman-

den habt, dann kommt nämlich etwas in Gang, und ihr werdet mit Gottes Hilfe auch das los, was euch selbst zu schaffen macht, und euer Gebet wird leicht und frei."

Nach diesen Gesprächen wollte Jesus wieder nach Berlin, obwohl seine Freunde es nicht wollten. Aber Jesus schien keine Angst zu haben, daß man ihm etwas anhängen könnte. Jedenfalls war er wieder auf dem Kirchentag zu finden, hörte sich einige Vorträge an und redete friedlich mit den Leuten.

Da kamen auch einige der Verantwortlichen des Kirchentags vorbei, die gehört hatten, daß Jesus sich völlig ungezwungen und frei bewegte, als ob nichts passiert wäre. Sie stellten ihn zur Rede und sagten: „Ihr Auftritt wird noch Folgen haben. Und außerdem möchten wir gerne einmal wissen, wie Sie dazu kommen, so etwas zu tun? Wer gibt Ihnen eigentlich das Recht dazu, so aufzutreten?"

Während sie mit ihm redeten, sammelten sich Leute um sie, die gespannt das Gespräch verfolgten. Auch Journalisten waren dabei.

Jesus antwortete ihnen: „Bevor ich dazu etwas sage, möchte ich Ihnen eine Gegenfrage stellen; wenn Sie sie mir beantworten können, dann werde ich Ihnen auch sagen, wer mir das Recht gibt, so aufzutreten.

Wie war das mit Johannes und seiner Reformbewegung? War er von Gott beauftragt worden und war seine neue Taufe also von Gott inspiriert oder war das, was er sagte und tat, seine eigene Erfindung? Nun, was ist Ihre Meinung?"

Da überlegten die Leiter im stillen und sagten sich: Wenn wir zustimmen und behaupten, Johannes sei von Gott beauftragt worden, dann wird Jesus sicher sagen, warum wir ihm dann nicht geglaubt haben und warum wir die Leute vor ihm gewarnt und ihm in unseren Kirchen Redeverbot erteilt ha-

ben. Sagen wir aber, die Sache mit Johannes sei eine menschliche Erfindung, dann haben wir das Kirchenvolk gegen uns, die überzeugt sind, daß Johannes eine Art Prophet war...
Und so antworteten sie: „Wir wissen es nicht."
„Gut", sagte Jesus, „dann sage ich Ihnen auch nicht, wer mir das Recht gab, den Kirchentag zu stören."
„In dieser Sache ist das letzte Wort noch nicht gesprochen", gaben sie zurück, „der Sachschaden, der entstanden ist, geht vermutlich in die Hunderttausende. Wir hoffen, Sie sind gut versichert."
„Machen Sie sich mal um meine Versicherung keine Sorgen", sagte Jesus, „ich versichere Ihnen, daß der Schaden, der durch Ihre Führung der Kirche entstanden ist, mit Geld gar nicht aufgewogen werden kann."
Damit ließ er sie stehen und ging mit seinen Freunden weiter.

12

Eine Geschichte, die zu den Spannungen paßte, die Jesus während dieser Zeit erlebte, wurde für seine Freunde und Feinde zu einem Gleichnis.

„Ein Mann", erzählte Jesus, „gründete einmal eine Firma, um ein neues Getränk auf den Markt zu bringen. Der Fruchtsaft, der mit ein paar interessanten Geschmacksrichtungen angereichert wurde, entwickelte sich zu einem Verkaufsschlager. Während der Firmengründer für einige Zeit ins Ausland verreiste, um auch dort neue Märkte für sein Produkt zu erschließen, schickte er einen seiner Manager in die Firma, der die Buchhaltung überprüfen und den Gewinn auf das Geschäftskonto überweisen sollte. Aber die führenden Angestellten waren ziemlich gerissen und unverschämt und unterschlugen den Gewinn, so daß zum Schluß nicht mehr viel Geld übrigblieb und nur die Unkosten gedeckt waren. Den Manager schickten sie mit leeren Händen zurück.

Als der Geschäftsführer davon erfuhr, schickte er sofort einen anderen in die Chefetage. Aber mit dem machten sie das gleiche. Sie redeten so lange auf ihn ein und fälschten die Bücher, daß er zum Schluß selber glaubte, die neue Firma sei kurz vor dem Bankrott.

Da der Chef selbst nicht kommen konnte, weil er dringend gebraucht wurde, spitzte sich die Sache immer mehr zu. Er

konnte schicken, wen er wollte, seine Angestellten strichen die Gewinne jedesmal selber ein.
So geht das nicht weiter, sagte sich der Chef, ich muß jemanden schicken, vor dem sie mehr Respekt haben. Ich werde meinen eigenen Sohn fragen.
Er beauftragte also seinen eigenen Sohn mit der Überprüfung der Geschäfte und dem Sicherstellen des Gewinns. Aber die dreisten Angestellten sagten: ‚Jetzt kommt der Erbe. Wir werden ihn mit Gewalt dazu bringen, uns die Firma zu überschreiben, und werden es so einrichten, daß er bei einem Unfall stirbt.'
Und so geschah es auch."
Jesus fragte seine Zuhörer: „Was meint ihr? Was wird der Besitzer der Firma tun? Wird er nicht kommen, einen guten Anwalt einschalten, diese Leute vor Gericht bringen und die Verantwortung für die Firma anderen übergeben?"
Jesus fuhr fort und fügte noch eine Frage hinzu: „Habt ihr nie die Bibelstelle gelesen, in der es heißt: Der Stein, den die Bauleute weggeworfen haben, der ist zum wichtigsten Stein, zum Eckstein geworden? Gott selbst hat das so gemacht, und es ist wie ein Wunder vor unseren Augen?"
Nach dieser gleichnishaften Geschichte hätten die führenden Persönlichkeiten der Kirchen Jesus am liebsten aus dem Weg geräumt, sie hatten aber Angst vor der öffentlichen Meinung. Denn sie hatten genau verstanden, daß mit den falschen Angestellten sie selbst gemeint waren.
Aber sie sagten nichts dazu, sondern gingen einfach weg.

Einige Zeit später suchten ein paar Theologen und Politiker Jesus auf, um ihm eine Falle zu stellen. Denn das, was Jesus redete und tat, mißfiel ihnen immer mehr, und sie fürchteten, daß viele davon angesteckt würden. Nun wollten sie ihn öffentlich bloßstellen und hatten sich eine Frage überlegt, bei deren Beantwortung man sich so oder so in die Nesseln setzt. Die Presse war natürlich informiert worden.

„Wir wissen", sagten sie zu Jesus, „daß Sie die Wahrheit lieben und daß Sie eine unabhängige Persönlichkeit sind. Wir haben Sie beobachtet und festgestellt, daß Sie sich nicht blenden lassen, sondern hinter die Kulissen schauen. Sie sind kompromißlos, haben ein Herz für die Armen und zeigen neue Wege zu Gott auf. Und da haben wir eine Frage an Sie, die uns und viele Christen umtreibt. Vielleicht können Sie uns weiterhelfen:

Wie soll das Verhältnis eines Christen zum Staat sein? Ist es nicht so, daß durch unsere Steuern Atomkraftwerke finanziert werden, die Gottes Schöpfung langfristig zerstören? Sollte man nicht endlich ein Zeichen setzen und einen Steuerboykott veranstalten, um dagegen zu protestieren?

Und ist es nicht ungerecht, daß die Großunternehmer sich geschickt vor zuviel Steuern drücken können, während die mittelständischen Betriebe unter der Steuerlast fast zusammenbrechen? Das ist doch ein unhaltbarer Zustand, und als aufrechter Christ sollte man das nicht hinnehmen. Was meinen Sie dazu?"

Jesus, der ihre Heuchelei durchschaute, erwiderte: „Gebt mir doch einmal ein Fünfmarkstück."

Man gab ihm eins.

„Nun, was steht da drauf?"

Seine Gesprächspartner lasen: „Bundesrepublik Deutschland."

„Richtig", sagte Jesus. „Das Geld kommt vom Staat. Der Staat hat es hergestellt und in Umlauf gebracht, darum sollte es auch wieder zurückfließen, damit der Staat seine Unkosten finanzieren kann. Durch die Steuern werden ja auch sinnvolle Projekte bezahlt.

Jeder sollte also versuchen, nach seinem Gewissen zu han-

deln. Aber noch wichtiger als die Frage: Was fließt von meinem Geld an den Staat zurück? ist die andere Frage: Was fließt von meinem Leben, von meiner Kraft und von meiner Liebe an Gott zurück? Denn mein Leben kommt von ihm."
Da wunderten sich die Zuhörer über das, was Jesus geantwortet hatte, und einige gingen nachdenklich, andere wütend weiter, weil er ihre Fangfrage so schlau beantwortet hatte und sie selbst dumm dastanden.
Eine Gruppe von Leuten, die es ärgerte, daß Jesus so selbstverständlich von Gott erzählte und von einem ewigen Leben vor und nach dem Tod, von der Auferstehung und der neuen Welt Gottes, wollten Jesus aufs Glatteis führen und hatten einen Fall konstruiert, in dem das Leben nach dem Tod einfach absurd und lächerlich dargestellt wurde. Sie waren nun gespannt, wie Jesus darauf reagieren würde, und sagten zu ihm: „Jesus, seien Sie doch mal ehrlich! Die Sache mit dem Leben nach dem Tod ist doch eine billige Illusion, eine Flucht aus der Realität. Sonst sind Sie doch so mutig und packen die Probleme an, warum halten Sie dann noch an so einem traditionellen Zopf fest? Das Leben spielt sich hier ab oder nirgends sonst, und darauf sollte man sich konzentrieren.
Außerdem, man muß nur einmal dieses sogenannte Leben danach oder die Auferstehung praktisch durchspielen, dann merkt man gleich, was für ein Unsinn das ist und daß dieser Glaube voller Widersprüche steckt. Stellen wir uns doch einmal folgenden Fall vor:
Eine Frau hat gerade geheiratet, und plötzlich stirbt ihr Mann an einer unheilbaren Krankheit. Nun, sie ist noch jung, lernt nach einiger Zeit einen netten Mann kennen und heiratet ihn. Unglücklicherweise kommt ihr zweiter Mann durch einen Unfall ums Leben. Die Frau ist zwar geschockt, aber da sie noch nicht alt ist, heiratet sie schließlich ein drittes Mal.

Und das passiert ihr nun noch viermal. Immer wenn sie verheiratet ist, verliert sie irgendwann ihren Mann, so daß sie zum Schluß siebenmal verheiratet war.
Eines Tages stirbt sie dann selbst. Nehmen wir einmal an, daß es nach dem Tod weitergeht, dann trifft sie doch alle ihre sieben Ehemänner wieder. Soll sie mit ihnen allen gleichzeitig zusammenleben, oder nacheinander, oder fängt alles wieder von vorne an? Soll sie sich für einen entscheiden, aber für wen? Und sind die anderen dann nicht beleidigt?
Sehen Sie", sagten sie zu Jesus, „bei so einer simplen Sache wird das Leben nach dem Tod schon kompliziert. Wie soll es dann erst bei anderen, schwierigeren Fragen sein?"
Jesus mußte über ihren Fall erst einmal herzlich lachen und meinte dann kopfschüttelnd: „Sie haben völlig naive Vorstellungen von der anderen Wirklichkeit, die mit der Auferstehung beginnt. Sie kennen weder die Bibel noch das, was Gott tun kann. Dieser ganze Bereich von Heiraten und Nichtheiraten spielt bei der Auferstehung in ein neues Leben keine Rolle mehr. Denn die Liebe zwischen Mann und Frau gleicht dann der Liebe der Engel: sie ist unverfälscht, tief und offen. Die Frage, mit wem die Frau verheiratet ist, stellt sich dann gar nicht mehr, sondern wird sich wie von selbst lösen. Aber die viel dringendere Frage ist doch die, ob das Leben hier auf der Erde das einzige ist oder ob es eine Fortsetzung gibt! Daran hängt viel. Könnt ihr euch wirklich einen Gott vorstellen, der etwas so Kompliziertes wie den Menschen schafft, mit einem Geist, der unendlich ist, nur damit dieses Wesen ein paar Jahre hier lebt, stirbt und verfault? Kann denn die Unendlichkeit verfaulen? Gott ist nicht ein Gott von Leichen, sondern ein Gott von Lebenden. In den alten Schriften nennt man ihn den Gott Abrahams, Isaaks und Jakobs. Das sind ja Männer, die schon längst gestorben sind. Gott aber ist ein Gott der Lebendigen. Er umgibt sich nicht

mit toten Körpern, er hat Freude am Leben und an lebendigen Menschen."
Da fragte ihn ein anderer, der die Unterhaltung aufmerksam verfolgt und gemerkt hatte, wie treffend Jesus antworten konnte: „Mich beschäftigt schon lange die Frage, worauf es im Leben ankommt. Was ist denn eigentlich das Wichtigste? Gibt es so etwas überhaupt, oder muß das jeder selber herausfinden? Die Zeitungen und Zeitschriften sind voller guter Ratschläge. Wenn man in die Kirche geht, hört man, was man tun oder nicht tun soll. Gute Freunde sagen einem, was man unbedingt einhalten muß, als Staatsbürger hat man seine Pflichten... Was meinen Sie? Gibt es so etwas Zentrales, etwas, auf das man nicht verzichten kann, so eine Art Notvorrat für die Seele?"
Jesus freute sich über den Mann, weil er spürte, daß er seine Frage ehrlich meinte.
„Ja", sagte Jesus, „ich bin der Überzeugung, daß es tatsächlich so ein Herzstück aller Ratschläge und Gebote gibt, auf das man nicht verzichten darf, wenn das Leben gelingen soll. Es steht schon in der Heiligen Schrift:
Höre gut zu, Israel, heißt es da, es gibt nur einen Gott und nur einen, von dem alles kommt und zu dem alles geht. Diesen einen liebt von ganzem Herzen, von ganzer Seele, mit eurem Verstand und all eurer Kraft. Und liebt euren Nächsten, also den, der eure Hilfe braucht, wie euch selbst.
Und Jesus fuhr fort: Es gibt keine Lebensregel, die wichtiger wäre. Und ich sage nicht, daß man das von heute auf morgen perfekt beherrschen kann, aber es ist ein Ziel, nach dem man sich ausrichten sollte, weil es die Lebensrichtung angibt."
Darauf sagte der Mann: „Das nenne ich eine gute Antwort, und sie leuchtet mir ein. Ich habe es schon immer geahnt, daß es darauf ankommt, und jetzt, wo Sie es so deutlich ge-

sagt haben, merke ich, daß das wirklich dieser Dreiklang ist, um den es geht: die Gottesliebe, die Nächstenliebe und die Eigenliebe. Wenn man diese Dreiheit im richtigen Maß und Verhältnis lebt, dann ist das viel wichtiger als die größten Taten der Weltgeschichte und als alle Opfer, von denen man denkt, sie werden von einem erwartet."
Als Jesus ihn so vernünftig reden hörte, sagte er zu ihm: „Sie sind auf dem richtigen Weg, und wenn Sie ihn weitergehen, dann werden Sie einmal staunend in Gottes neuer Welt ankommen."
Danach wagte eine Zeitlang keiner mehr, Jesus irgendwelche Fragen zu stellen.

*

Als Jesus wieder einmal in einer der Kirchen Berlins Leute um sich versammelt hatte, sagte er: „Viele Pfarrer, Theologen und die führenden Leute in der Kirche behaupten, daß man immer genau erkennen kann, ob jemand von Gott kommt und Gottes heilende Kräfte bringt. Sie meinen, so jemand muß aus einer christlichen Tradition stammen, muß einen guten Ruf und weitreichende Beziehungen haben.
Aber ich bin nicht der Meinung. Selbst König David nannte den zukünftigen Erlöser seinen Herrn, obwohl er nach der Tradition Sohn Davids genannt wird. Gottes Gesandter ist nicht berechenbar und muß nicht unseren menschlichen Vorstellungen entsprechen."
Manche seiner Zuhörer fragten sich, ob Jesus damit auf seine eigene Herkunft angespielt habe. Denn er stammte ja aus einer jüdischen Familie, hatte also keine christliche Tradition vorzuweisen. Auch fehlten ihm wichtige Beziehungen zu einflußreichen Leuten, weil sich Jesus viel mit den Armen, mit Ausländern und Randsiedlern abgab.

Weiter sagte Jesus, und es kamen immer mehr Leute dazu, weil man ihm allgemein gerne zuhörte: „Paßt auf, daß ihr euch nicht einschüchtern laßt von Theologen in Amt und Würden, die in Talaren und bunten Gewändern auftreten und von allen möglichen Leuten hofiert und von Politikern zu Arbeitsessen und Banketten eingeladen werden. Sie sind meistens auch keine besseren Christen als ihr.
Laßt euch auch nicht blenden von Politikern, die christliche Vokabeln im Mund führen. In Wirklichkeit ist ihr Leben bloßer Schein. Sie nehmen dem kleinen Mann noch seine letzten Ersparnisse weg. Sie selbst aber scheuen sich nicht, ihr eigenes Gehalt ständig aufzubessern. Ich sage euch: Ihr scheinheiliges Leben fällt auf sie selbst zurück, und sie werden eines Tages merken, daß man Gott nichts vormachen kann."

*

Einmal ging Jesus mit seinen Freunden durch die weite Halle einer Bank, um Geld zu wechseln und seiner Mutter ein wenig Geld zu überweisen. Dabei beobachtete er, wie neben ihm eine ärmlich aussehende, alte Frau stand und auch eine Überweisung ausfüllte, um fünf Mark für eine Hilfsorganisation in Afrika zu spenden.
Da sagte er nachher zu seinen Anhängern: „Schaut euch diese arme Frau an, die gerade fünf Mark für die Dritte Welt gespendet hat. Sie hat mehr gegeben als manche großen Firmen, die tausende von D-Mark für einen guten Zweck spenden, um ihr Image aufzubessern. Denn die großen Geldgeber spenden aus ihrem Überfluß, es tut ihnen nicht weh. Für diese Frau aber bedeuten ihre fünf Mark sehr viel. Sie hat sich das Geld vom Mund abgespart und hat auf Dinge verzichtet, die sie zum Leben braucht."

13

Und als er aus dem großen Bankgebäude trat und mit seinen Freunden durch eine der Geschäftsstraßen Berlins ging, sagte einer seiner Begleiter zu ihm: „Diese Bauwerke sehen wirklich beeindruckend aus. Und es ist enorm, wieviel hier in den letzten Jahren entstanden ist. Berlin wird immer gigantischer."

Jesus antwortete darauf: „Schau sie dir genau an, diese mächtigen Bankgebäude, die Monumente, die Schlösser, die Siegessäulen, die Kirchen und das Brandenburger Tor. Nicht mehr lange, und das alles wird in Schutt und Asche liegen. Kein Stein wird auf dem anderen bleiben. Alles wird vollständig zerstört sein."

Als sie später in einem Park saßen, fragten ihn Simon, Jakob, Hannah und Andrea: „Wann wird das sein? Und woran erkennt man, wenn es soweit ist? Ist das dann das Ende oder geht danach das Leben hier noch weiter?"

Da begann Jesus mit einem längeren Vortrag, und vieles davon hörte sich an wie eine Prophezeiung oder Vision: „Seht euch vor, daß niemand euch an der Nase herumführt und euch verwirrt. Denn es werden viele kommen, die behaupten, sie seien die wahren Erlöser. Sie werden sich auf mich berufen und Gehorsam fordern. Aber was dabei herauskommt, sind psychischer Terror und Abhängigkeiten.

Die Kriege werden nicht aufhören, auch wenn die Friedens-

bemühungen zunehmen. Friedliche Aktionen helfen zwar, daß die Gewalt nicht überhandnimmt und daß ein neues Bewußtsein entsteht, aber leider wird es für lange Zeit immer Menschen geben, die ihre Macht mißbrauchen und neue Kriege anzetteln. Erschreckt also nicht und betrachtet diese Welt mit nüchternen Augen, ohne euren friedlichen Willen aufzugeben.

Eines kann ich euch jedenfalls sagen: Die Kriege, die kommen, werden nicht imstande sein, Gottes Schöpfung vollständig zu zerstören, es wird immer ein Rest bleiben, auch wenn Völker gegeneinander kämpfen, auch wenn neue Erdbeben durch Atomversuche provoziert werden, auch wenn es Seuchen und Hungersnöte gibt. Die Erde wird leben.

All das, so furchtbar es auch sein mag, ist ein Vorgang, der den Geburtswehen einer Frau entspricht. Am Ende steht nicht die Zerstörung, sondern eine neue Erde und ein neues Leben.

Seid deshalb vorsichtig und werdet nicht kopflos, achtet darauf, daß ihr auch mitten im Chaos Menschen bleibt, die von Gott geliebt sind und andere lieben.

Denn es werden harte Zeiten kommen für überzeugte Christen, Juden und alle, die an der Nächstenliebe festhalten. Ihr werdet vor Gerichten erscheinen müssen, die euch im Namen Gottes verurteilen werden. Aber dadurch wird das, was ihr lebt, und das, woran ihr glaubt, nur noch attraktiver für andere werden. Die Menschen können nicht verhindern, daß meine Worte und die Befreiung, die ich bringe, überall auf der Erde bekannt werden.

Macht euch keine Sorgen, wie ihr euch verteidigen sollt, wenn es soweit kommt; es werden euch zur rechten Zeit schon die richtigen Worte einfallen. Vergeßt nicht, daß der Heilige Geist euch inspirieren wird.

Es kann sogar in manchen Fällen dahin kommen, daß sich

Familienmitglieder gegenseitig verraten, so wie es unter totalitären Regierungen immer wieder passiert ist. Wundert euch nicht, wenn euch Haß entgegenschlägt, weil ihr euch zu mir bekennt. Ich kann nur sagen, es lohnt sich, das alles nicht so persönlich zu nehmen, sondern abzuwarten, dann werdet ihr sehen, daß sich das Blatt auch wieder wenden wird.

Was ich euch jetzt sage, das betrifft viele Großstädte in Europa. Aber die Zerstörung der Städte bedeutet nicht, daß die ganze Welt zerstört wird. Das sollte man nie aus den Augen verlieren. Zerstörungen passieren immer wieder, und immer wieder gibt es Auferstehungen, auch in eurem eigenen Leben. Und deshalb werden Ende und Neuanfang der Städte zu einem Gleichnis werden.

Zunächst wird es etwas geben, das ganz und gar entsetzlich ist und eurem Geschmack und euren Vorstellungen so zuwiderläuft, daß ihr euch mit Abscheu abwenden werdet. Wenn so etwas passiert, sollten die, die zu der Zeit in Berlin und in anderen Großstädten wohnen, sich so schnell wie möglich in Sicherheit bringen und fliehen. Irgendwohin, weit weg, wo man sich verstecken kann. Wer gerade im Keller ist, sollte nicht in die Wohnung zurückkehren, sondern sofort, auf schnellstem Weg, das Haus verlassen. Oder wer unterwegs ist in der Stadt, sollte dann nicht erst nach Hause gehen, um ein paar Sachen zusammenzupacken, das würde eure Flucht nur unnötig aufhalten. Die Schwangeren, die Alten und Kranken, die sich nicht so schnell fortbewegen können, haben es dann besonders schwer. Man kann nur hoffen und beten, daß diese Flucht nicht im Winter stattfindet, denn es wird so schon furchtbar genug sein.

Vergeßt nicht, daß Gott mit euch sein wird und euch so viel zumuten wird, wie ihr gerade noch ertragen könnt. Er wird euch helfen, daß euch diese Zeit ganz kurz vorkommt und ihr es aushalten könnt.

Paßt auf, daß ihr nicht jedem nachlauft, der euch mit seinen falschen Parolen Rettung verspricht und sagt: Wenn ihr euch zu mir haltet, dann seid ihr alle eure Sorgen los und frei. Das ist nur Geschwätz, und es steckt nichts dahinter. Denn solche Notzeiten bringen oft falsche Propheten hervor, die mit beeindruckenden Zeichen die Leute verführen und – wenn möglich – auch euch.

Aber ihr wißt ja jetzt Bescheid, also: Seht euch vor!

Vergeßt nicht, immer wenn ihr in Situationen geratet, wo ihr denkt: ‚Jetzt ist alles aus, das ist der Weltuntergang', dann bedeutet das auch, daß Gott etwas Neues schaffen wird.

Wenn die Sonne und all das, was Helligkeit und Wärme gibt, plötzlich dunkel wird und vergeht, wenn der Mond und mit ihm alles Wunderbare und Geheimnisvolle verschwindet, wenn es so aussieht, als ob die Sterne vom Himmel fallen und man jede Orientierung in der Nacht verliert, wenn überhaupt die Grundlagen eures Lebens ins Wanken kommen, dann ist das nie das Letzte, denn dann zeigt sich Gott in seiner menschlichen Gestalt und gleichzeitig in einer Herrlichkeit, die ihr euch nicht vorstellen könnt.

Was dann bisher unsichtbar und verborgen war: die neue Welt Gottes, die unsichtbare Kirche und die Engel, all das wird erscheinen, um die Wirklichkeit zu verändern und zu einer neuen Ganzheit zu führen.

Schaut euch die Gärten an! Wenn ihr die ersten Schneeglöckchen seht, dann wißt ihr, daß der Frühling vor der Tür steht. So ähnlich ist es, wenn Gott zu uns kommt in seiner Menschlichkeit. Man kann sein Kommen erahnen, obwohl es sonst überall noch kalt und kühl ist und vielleicht noch Schnee liegt. Aber die Rettung ist dann schon unterwegs.

Denkt daran: Diese Menschheit wird nicht einfach so sang- und klanglos untergehen, ohne das wunderbare Erscheinen Gottes zu erleben. Es mag zwar alles in Schutt und Asche

fallen, aber meine Worte kann man nicht zerstören oder verbrennen.
Gott hat es so eingerichtet, daß man den Tag und die Stunde der letzten Katastrophen nicht vorausberechnen kann. Man kann nie vorher wissen, ob es das Ende ist oder ob die Schöpfung weitergeht und ein Rest übrigbleibt wie bei Noah. Und das ist gut so. Selbst ich kann euch kein Datum nennen. Das wäre auch fatal. Denn es ist wichtig, nicht zu früh zu resignieren.
Entscheidend ist, daß ihr innerlich wach bleibt und mit allem rechnet. So ähnlich, wie es verantwortungsbewußte Angestellte tun, deren Chef verreist ist. Sie rechnen jederzeit damit, daß der Chef zurückkommt, und gehen einfach wie sonst ihrer Arbeit nach.
Seid also wachsame Menschen!"

14

Zwei Tage vor Karfreitag wurden einige Politiker und führende Persönlichkeiten christlicher und anderer religiöser Gruppen allmählich nervös. Sie spürten, daß Jesus' Einfluß immer mehr zunahm, er brachte Unruhe in die konservativen Kreise durch seine spontane Art, alle Menschen anzusprechen. Daß sich unter seinen engsten Vertrauten Ausländer befanden, sprach in ihren Augen auch nicht gerade für ihn.
Er brachte eine heilsame Unruhe in die großen, etablierten Kirchen, die sich dem christlichen Glauben entfremdet hatten. Aber auch die ganz frommen christlichen Kreise, die immer gedacht hatten, daß sie die einzig wahren Christen seien, wurden nervös, wenn Jesus auftauchte. Alles stellte er in Frage, nur die Liebe zu Gott und zum Nächsten nicht. Für die Frommen war er nicht fromm genug, für die Liberalen nicht liberal genug. Jesus saß zwischen allen Stühlen. Keine Gruppe konnte mit ihm Werbung machen, weil er in kein Schema paßte. Im Grunde wollte man ihn loswerden.
Aber wie sollte das vor sich gehen? Die einfachen Leute, die vielen, denen er geholfen hatte, standen auf seiner Seite, und man konnte ihn deshalb nicht öffentlich verhaften, das hätte Unruhe ausgelöst, obwohl man ihm ja einige Verstöße gegen das Gesetz nachweisen konnte: seine nicht angemeldete Demonstration in Berlin, sein wütender Auftritt auf dem

Kirchentag und die mutwillige Zerstörung fremden Eigentums hätten genügt, ihn zumindest vor Gericht zu bringen. Aber man wollte eine günstige Zeit abwarten. Im Augenblick war er noch zu bekannt. Auch im Ausland wurde er geschätzt, und für die deutsche Regierung wäre es peinlich gewesen, wenn sie den großen Wundertäter und Reformer verhaftet hätte.

Es mußte einen anderen, verborgenen Weg geben, und die Kreise, die Jesus ablehnten, arbeiteten fieberhaft an einem Plan.

Doch im Augenblick konnte sich Jesus noch ungehindert und frei bewegen. Er hielt sich in Potsdam auf und wurde an einem Abend von einem reichen Mann eingeladen, den Jesus einmal von einem Krebsleiden geheilt hatte. Es gab ein ausgezeichnetes Essen und hervorragende Weine, und Jesus, der kein Kostverächter war, ließ es sich schmecken, obwohl man spürte, daß er nicht so gelöst war wie bei früheren Einladungen. Es schien ihn etwas zu bedrücken, und er war einsilbig. Sonst hatte er bei Tischgesellschaften gerne einige Geschichten erzählt. Diesmal war er wortkarg.

Plötzlich, während sie alle noch beim Essen waren, ging die Tür auf, und eine Frau stürzte herein. Niemand wußte, wie es ihr gelungen war, in den Raum zu kommen. Sie war gut angezogen, stark geschminkt, sah irgendwie ausländisch aus und zog, während sie hereinkam, ein kleines Gefäß mit einem sehr teuren Parfüm aus der Handtasche. Es mußte ein Vermögen gekostet haben, wie sich nachher herausstellte.

Sie öffnete das Fläschchen, träufelte etwas auf ihre Hand und fing an, Jesus damit einzureiben, seine Stirn, seinen Hals und die Arme. Jesus saß vollkommen ruhig da und ließ das alles mit sich machen, ja er schien es sogar zu genießen. Der intensive Duft erfüllte den ganzen Raum, und einer der Gäste sagte, daß dieses Parfüm über tausend Mark wert sei.

Da setzte ein Gemurmel ein, und einige sagten unwillig: „Was soll das? So eine Verschwendung! Statt daß man damit Jesus einschmiert, hätte man das Geld lieber Misereor oder Brot für die Welt spenden können, das wäre sinnvoller gewesen!" Jemand lachte anzüglich und meinte: „Jetzt lernen wir endlich die heimliche Geliebte von Jesus kennen!" Einige standen auf und wollten die Frau mit sanfter Gewalt hinausdrängen.

Aber da ergriff Jesus das Wort und rief: „Laßt sie in Ruhe! Seht ihr nicht, daß ihr sie mit eurem Gerede beleidigt? Was sie getan hat, das war etwas Wunderschönes. Es hat mir gutgetan, von dieser Frau so zärtlich behandelt zu werden. Den Armen könnt ihr jederzeit eine Spende geben. Es wird immer genug von ihnen geben. Aber ich bin nicht mehr lange hier, vergeßt das nicht!

Sie hat das getan, was sie für richtig hielt. Und wer etwas aus Liebe tut, der macht keine Fehler, auch wenn es fehlerhaft aussieht. Mit diesem Parfüm hat sie mich schon auf mein Begräbnis vorbereitet. Sie ist eine Prophetin, ohne es zu wissen. Und das eine kann ich euch sagen: Wenn man später von mir und meiner Botschaft überall auf der Welt erzählt, dann wird man auch diese Szene erzählen. Sie wird unvergessen bleiben."

Kurz danach nahm einer von Jesus' Anhängern, ein gewisser Udo, Kontakt auf zu den Gruppen und Leuten, die Jesus gerne loswerden wollten. Er versprach ihnen, sie sofort anzurufen, wenn sich Jesus an einem verborgenen Ort aufhielt, wo man ihn dann ohne großes Aufsehen festnehmen lassen könnte. Das war natürlich eine unerwartete Hilfestellung, und die Jesusgegner freuten sich und versprachen Udo eine Menge Geld, wenn alles klappte. Von da an wartete Udo auf eine günstige Gelegenheit.

Als der Gründonnerstag angebrochen war, sagte Jesus zu

seinen Freunden, daß er gerne mit ihnen in aller Ruhe zusammen essen wollte.
„Wo können wir denn hier noch in Ruhe essen?" fragten sie. „Du bist inzwischen bekannt wie ein bunter Hund. Entweder man verhaftet dich oder irgendwelche Kranken belagern das Restaurant und wollen von dir geheilt werden."
„Keine Angst", sagte Jesus, „ein Bekannter von mir hat einen Raum mit Küche, den er uns zur Verfügung stellt, damit wir dort unbehelligt essen können. Niemand weiß, daß wir dort sind. Wir müssen uns allerdings selbst versorgen. Ich schlage vor, daß ein paar von euch dort hingehen und alles vorbereiten, kauft ein paar Kleinigkeiten ein. Es muß kein Festmahl sein."
„Und wo ist der Raum?" fragten sie.
„Mein Bekannter hat mir keinen Schlüssel gegeben, aber wenn ihr jetzt losgeht, dann trefft ihr dort, wo das blaugraue Cabrio stand, einen Mann mit einem roten Halstuch, der dort hin- und hergeht. Folgt ihm und sagt ihm dann, ihr seid von mir geschickt worden, um das Essen vorzubereiten. Er wird euch den Raum zeigen, und ihr könnt mit den Vorbereitungen anfangen. Wir anderen kommen später nach, sobald es dunkel geworden ist."
Und die beiden Freunde von Jesus fanden alles so vor, wie Jesus es ihnen gesagt hatte, und fingen mit ihren Vorbereitungen an.
Nachdem es dunkel geworden war, kam Jesus mit den anderen nach. Während sie nun am Tisch saßen und aßen, redete Jesus plötzlich sehr ernst mit ihnen: „Ich muß euch etwas Unangenehmes sagen", begann er, „etwas, das man nicht verhindern kann und das geschehen muß: Einer von euch wird mich an meine Feinde verraten, einer von denen, die jetzt mit mir essen!"
Das war für alle wie ein Schock, sie schauten einander unsi-

cher an und fragten Jesus: „Wen meinst du damit? Etwa mich?"
„Es ist einer, der hier mit uns ißt."
Und Jesus sagte noch in das Schweigen hinein: „Keiner von meinen Feinden vermutet, daß mein Leiden und Sterben besondere Bedeutung haben, sie denken, ich sei ein Mensch wie andere, aber in Wirklichkeit muß ich einen bestimmten Auftrag von Gott erfüllen, der schon in der Bibel vorhergesagt ist. Und trotzdem trifft den, der das alles in die Wege leitet und mich ausliefert, Schuld. Er kann sich später nicht herausreden und sagen: Das war doch mein Schicksal.
Natürlich gilt die Vergebung Gottes auch für ihn, aber ob er es später wagt, sie anzunehmen, bleibt offen. Er wird dabei selbst so viel Schweres durchmachen, daß er sich wie Jeremia wünschen wird, nie geboren worden zu sein, und seine Geburt verflucht."
Während sie aßen, nahm Jesus von dem Brot, das auf dem Tisch stand, sprach ein kurzes Tischgebet, brach es entzwei und gab es den andern mit den Worten: „Nehmt und eßt, das ist mein Körper."
Seine Freunde schauten ihn bestürzt an, als sie diese Worte hörten, es klang fremd, weil es sich anhörte, als ob Jesus das Abendmahl auf sich selbst beziehen würde. Sie zögerten, aber schließlich gehorchten sie und nahmen das Brot mit Schweigen.
Dann griff Jesus nach einem Glas Wein, das vor ihm stand, sprach wieder ein Dankgebet und reichte den Wein herum, damit alle einen Schluck daraus trinken konnten, und sagte zu ihnen: „Das ist mein Blut. Es soll ein Zeichen sein, daß Gott diese Welt nicht aufgibt, daß er sie immer noch liebt und alle Menschen, die darauf leben. Dieser Wein ist wie ein Stempel, den man unter einen neuen Vertrag setzt und darauf anstößt. Ich werde für diese neue Zusicherung Got-

tes, die für alle Menschen gilt, mit meinem Leben bezahlen. Mein Blut wird fließen, damit allen klar wird: Es ist ernst gemeint und es gilt: Gott hat einen Plan mit dieser aus den Fugen geratenen Welt.
Und dann möchte ich euch noch etwas versprechen: Ich werde von jetzt ab keinen Wein mehr trinken, bis ich ihn auf völlig neue Art trinken werde bei Gottes großem Fest, zu dem ich euch alle einlade."

Nachdem sie einige Choräle gesungen hatten, verließen sie den Raum und fuhren nach Berlin-Kreuzberg.
Unterwegs sagte Jesus zu ihnen: „Ihr werdet euch bald alle über mich ärgern und euch von mir distanzieren, so wie es schon in der Bibel geschrieben steht: Ich werde den Hirten schlagen, und die Schafe werden sich zerstreuen. Aber", fuhr Jesus fort, „das ist nicht das Ende, denkt daran, daß der Tod mich nicht festhalten kann. Ich werde euch dann am Bodensee treffen."
Da sagte Simon zu ihm: „Die anderen werden sich vielleicht über dich ärgern und weggehen, aber ich nicht, das kann ich dir versichern."
Aber Jesus antwortete ihm: „Und ich kann dir versichern, daß du dreimal laut abstreiten wirst, mich zu kennen, bevor die Sonne aufgeht. Weil dann kein Hahn mehr nach mir krähen wird."
Aber Simon schüttelte unwillig den Kopf und sagte laut und nachdrücklich: „Das kann ich mir nicht vorstellen, lieber werde ich sterben, als daß ich unsere Freundschaft vor anderen verleugne."
Und die anderen, die das gehört hatten, sagten ähnliches.

Sie erreichten, als es schon Nacht war, den kleinen, abgelegenen Viktoriapark in Kreuzberg. Dort wollte Jesus mit sei-

nen Freunden die Nacht über allein sein. Sobald klar war, wo sich Jesus die nächsten Stunden aufhalten würde, machte sich der Verräter davon und rief die Verbindungsleute an, um den Aufenthaltsort zu verraten.
Währenddessen sagte Jesus zu seinen Leuten: „Setzt euch hier hin, ich werde beten." Er nahm Simon, Hannah und Jakob mit sich, seine engsten Vertrauten, ließ sich mit ihnen auf einer Bank nieder, begann laut zu seufzen und sagte: „Ich bin im Augenblick so schwach und innerlich leer. In mir ist alles tot. Bleibt hier in meiner Nähe und wacht."
Dann ging er ein paar Schritte weiter, warf sich in voller Länge auf den Rasen und bat Gott, daß doch diese Stunde an ihm vorübergehen sollte, wenn es möglich wäre, und er rief: „Mein Vater, es ist dir doch alles möglich. Laß dieses Leiden an mir vorübergehen. Ich will es nicht. Aber ich möchte ja das tun, was du willst, und nicht, was ich will."
Als Jesus zu seinen Freunden zurückging, sah er, daß sie alle auf der Bank eingeschlafen waren. Da sagte er zu Simon: „Hättest du nicht wenigstens eine Stunde mit mir wach bleiben können?"
Und zu den anderen sagte er: „Seid wachsam und haltet die Verbindung zu Gott, damit ihr nicht die falschen Entscheidungen trefft. Ihr wißt ja, die Absicht ist gut, aber meistens ist man zu träge, das Richtige zu tun."
Er ging wieder an dieselbe Stelle zurück und betete die gleichen Worte, und als er zurückkam, waren seine Freunde wieder eingeschlafen, denn die Augen waren ihnen vor Müdigkeit zugefallen, und sie waren so schlaftrunken, daß sie nicht wußten, was sie sagen sollten.
Noch einmal ging er weg, betete, kam wieder und fand das gleiche vor. Da wurde er traurig und sagte: „Schlaft ruhig weiter und ruht euch aus. Jetzt ist es sowieso zu spät. Es ist soweit, ich werde von denen, die meinen, Gott einen Dienst

zu tun, verhaftet werden. Los, steht auf, laßt uns gehen. Der Verräter wird gleich hier sein."

Und während er noch redete, hörten sie Schritte und Stimmen, Udo kam mit einigen bewaffneten Polizeibeamten an, die Schutzschilde, Helme und Gummiknüppel trugen; sie waren geschickt worden, um Jesus heimlich zu verhaften, und hatten sich auf heftige Gegenwehr eingestellt.

Sobald Udo Jesus erkannte, lief er auf ihn zu, umarmte ihn und sagte: „Hallo Jesus! Du begreifst vielleicht nicht, was das soll, aber du wirst sehen, es ist besser für dich. Sie nehmen dich in Schutzhaft." Diese Umarmung war das Zeichen gewesen, an dem die Gruppe erkennen sollte, wen sie festnehmen mußte.

Einer der Männer trat an Jesus heran und sagte zu ihm: „Im Namen des Gesetzes verhafte ich Sie wegen der Durchführung einer unangemeldeten Demonstration, Widerstand gegen den Staat und Sachbeschädigung auf dem Kirchentag."

Einer von Jesus' Freunden, der ein Messer bei sich trug, schlug verzweifelt um sich und verletzte einen Polizisten am Ohr. Aber Jesus beruhigte seine Leute und sagte zu den Beamten: „Sie sind mit Knüppeln und in voller Ausrüstung gekommen, als sei ich ein gefährlicher Verbrecher, gegen den man sich schützen muß. Und dabei war ich doch fast jeden Tag auf öffentlichen Plätzen anzutreffen oder in den Kirchen und habe friedlich mit den Menschen gesprochen. Warum haben Sie mich da nicht festgenommen? Haben Sie oder Ihre Vorgesetzten etwa Angst? Aber es mußte sich ja so entwickeln. Wer mit der Nächstenliebe Ernst macht, kommt immer in Konflikte, selbst in einer Demokratie."

Als die anderen sahen, daß Jesus sich nicht wehrte und daß sie nichts mehr unternehmen konnten, liefen sie alle davon und ließen Jesus allein zurück. Nur ein junger Mann hielt sich noch in der Nähe auf. Er hatte von seinem Fenster aus

etwas mitbekommen, wollte nachsehen, was da los war, und hatte sich einen Jogginganzug übergestreift. Als ihn einer der Polizisten am Kragen packen und festhalten wollte, riß er die Jacke auf, ließ sie zurück und rannte halbnackt durch die Nacht.
Dann nahm die Gruppe Jesus in die Mitte und brachte ihn vorläufig auf die nächste Wache.
Einige der Leute, die als Drahtzieher hinter der ganzen Sache standen und Anzeige erstattet hatten, warteten schon auf der Polizeistation, um zu sehen, ob der Plan auch klappte.
Simon war nach dem ersten Schrecken zurückgekommen und den Leuten von weitem gefolgt, um zu sehen, wohin sie Jesus bringen würden. Er stellte sich neben ein halboffenes Fenster und bekam einiges von den Gesprächen mit.
Bevor Jesus in seine Zelle gebracht wurde, nahm man seine Personalien auf, und er mußte einige Fragen beantworten; er blieb aber sehr wortkarg und äußerte sich auch nicht zu den Beschuldigungen, die man gegen ihn vorbrachte. Der Beamte, der ihn vernahm, sagte zu ihm: „Wieso antworten Sie nicht auf das, was man Ihnen vorwirft? Sind Sie denn etwas Besonderes, daß Sie es nicht nötig haben, mit uns zu reden? Wir tun nur unsere Pflicht ..."
Daraufhin sagte Jesus: „Was soll ich dazu sagen? Gott steht auf meiner Seite. Ich kann Ihnen nur eines sagen: So gewiß, wie die Wolken am Himmel heraufziehen, so gewiß kommt der Tag, an dem Sie sich vor Gott verantworten müssen für das, was Sie mit mir hier im Augenblick tun. Und ich werde dann als Zeuge und Richter auftreten."
„Eine Frechheit!" rief jemand und trat Jesus gegen das Schienbein.
„Größenwahnsinnig", sagte jemand anderes.
„Das ist ja die reinste Gotteslästerung", meinte einer der Geistlichen, die auch dabei waren.

„Nun mal langsam", beruhigte der Beamte die Leute, „im Moment können wir sowieso nichts machen. Bis zur Untersuchung bleibt er hier in der Zelle, und dann sehen wir weiter."
Während Simon noch draußen unter dem Fenster stand, kam eine Frau vorbei, die im gegenüberliegenden Haus wohnte und alles beobachtet hatte. Als sie Simon unter dem Fenster entdeckte, sagte sie: „Sie gehören doch auch zu den Freunden dieses Mannes, oder nicht? Sonst würden Sie doch nicht hier stehen und versuchen, alles mitzubekommen?" Doch Simon schüttelte den Kopf und sagte: „Ich weiß nicht, wovon Sie reden."
Da kamen die Männer heraus, die bei der Festnahme dabeigewesen waren, und als sie auf die Straße traten, sagte die Frau zu ihnen: „Schauen Sie sich den Mann an, der sieht verdächtig aus, ich weiß bestimmt, daß er ein Jesusanhänger ist." Aber Simon bestritt lautstark, daß er zu Jesus gehöre.
Während ein paar der Männer noch auf der Straße standen und Zigaretten rauchten, sagte plötzlich einer von ihnen: „Richtig, Sie gehören dazu, ich habe Ihr Gesicht auch schon mal im Fernsehen gesehen bei einer Reportage über Jesus. Außerdem stammen Sie aus Süddeutschland, das hört man ja." Aber Simon wurde ganz aufgebracht und rief: „Verdammt noch mal. Ich hab Ihnen doch schon gesagt, daß ich nicht dazugehöre. Das muß eine Verwechslung sein!"
Dann ging er schnell weg, und als er um eine Ecke bog, fing er an zu rennen und hörte das Gelächter der anderen. Er irrte die ganze Nacht durch die Stadt, und als gegen halb vier die Sonne aufging, fiel ihm plötzlich wieder ein, was Jesus gestern noch zu ihm gesagt hatte: „Und ich kann dir versichern, daß du dreimal laut abstreiten wirst, mich zu kennen, bevor die Sonne aufgeht. Weil dann kein Hahn mehr nach mir krähen wird."
Da fing Simon zu weinen an.

15

Ein paar Tage später konnte man im Fernsehen bei einem Privatsender das Gespräch zwischen dem Untersuchungsrichter und Jesus verfolgen, das heimlich aufgenommen worden war und eigentlich gar nicht ausgestrahlt werden durfte. Auf diese Weise ließ sich die nächtliche Verhaftung nicht mehr geheimhalten.
Gleich zweimal hintereinander lief der Film, und viele Leute sahen sich die Verhandlung an oder machten davon eine Videoaufnahme. Auch in den Gasthäusern und in den Autobahnrestaurants konnte man die Szene auf den Bildschirmen verfolgen, und nach der ersten Betroffenheit gab es dann alle möglichen Kommentare darüber.
In dem Film wurde zunächst gezeigt, wie die Personalien festgestellt wurden, und die Leute erfuhren, daß der Vater von Jesus nur sein Pflegevater war. Es hatte anscheinend Unregelmäßigkeiten bei der Schwangerschaft der Mutter gegeben.
Jesus wurde angeklagt, eine nicht angemeldete Demonstration in Berlin durchgeführt zu haben, bei der es zu Autounfällen und Personenschäden gekommen war. Weiter wurde er beschuldigt, bei dem ökumenischen Kirchentag in Berlin durch seine Zerstörungswut einen Sachschaden in Höhe von siebenhundertfünfzigtausend DM verursacht zu haben.
Das Merkwürdige bei der ganzen Verhandlung aber bestand

darin, daß Jesus überhaupt nichts dazu sagte. Der Untersuchungsrichter versuchte ihm alle möglichen Fragen zu stellen, um ihn aus der Reserve zu locken, auch Fragen mit religiösem Hintergrund. Zum Beispiel fragte er Jesus, wie er sich selbst verstehe. Als auch daraufhin keine Antwort kam, setzte der Richter, der allmählich gereizter wurde, hinzu: „Verstehen Sie sich als religiöser Führer im weitesten Sinne?"
Keine Antwort.
Nun wollte es der Richter auf die Spitze treiben und sagte schließlich: „Sie sind wohl Gottes Stellvertreter auf Erden, was?"
Daraufhin nickte Jesus und meinte. „Richtig."
Das war aber auch die einzige Antwort. Hinterher äußerte sich Jesus nicht mehr.
Dieser Film stieß bei vielen Zuschauern auf Unverständnis, und ihre positive Einstellung zu Jesus verschwand. Ja, es gab eine Menge Leute, die hinterher sagten, das hätten sie nicht von Jesus erwartet, daß er sich so hängenließ, nachdem er durch das, was er sagte und tat, so viele Erwartungen geweckt hatte, besonders bei seinem Triumphzug durch Berlin. Und außerdem sei sein ganzes Verhalten dem Richter gegenüber eine Unverschämtheit gewesen. Warum verteidigte er sich nicht? Hatte er vielleicht etwas zu verbergen? Hatte er vielleicht alle an der Nase herumgeführt? Einige sagten auch laut und deutlich: „Schade, daß es in Deutschland die Todesstrafe nicht mehr gibt, den Mann sollte man aufhängen. Er ist ein gefährlicher Scharlatan. Dann sollten sie statt dessen lieber ein paar Lebenslängliche freilassen."
Anonyme Briefe gingen bei dem Sender ein, auf denen stand: „In Auschwitz ist noch Platz für einen Juden" und ähnliches.
Die Stimmung heizte sich auf. Es gab sogar Bombendrohungen, die sich gegen den Untersuchungsrichter, der Pontus

hieß, richteten, so daß der am liebsten den ganzen Fall so schnell wie möglich losgeworden wäre.
Dann brachten die Nachrichten ein paar Tage später die Meldung, Jesus sei von Unbekannten entführt worden. Sein Aufenthaltsort sei unbekannt. Die Polizei gehe davon aus, daß sich Extremisten zusammengetan hätten, um den Entführten umzubringen. Lösegeldforderungen seien bisher nicht eingegangen.
Die Gerüchte schwollen an. Es gab Talkshows im Fernsehen, die Jesus zum Thema hatten. Einige Stimmen wurden laut, die behaupteten, daß die Entführung inszeniert worden sei, um Jesus endgültig loszuwerden. Es sei nämlich seltsam leicht gewesen, in das Untersuchungsgefängnis einzudringen. Zumindest merkte man, daß die Behörden über die Entführung nicht besonders traurig waren. Man hatte den Eindruck, sie seien froh, daß ihnen dieser lästige Fall abgenommen worden war.

Dann wurde die Öffentlichkeit mit der Nachricht überrascht, Jesus sei tot. Tatsächlich fand man seine Leiche in einem Wald in der Nähe Berlins. Sie trug Spuren von Folterungen.
Bald danach wurden die Täter gefaßt, die ein umfassendes Geständnis ablegten. Sie gehörten vorwiegend der rechten Szene an. Aber auch Leute aus anderen, weniger radikalen Kreisen waren darunter.
Der Mord an Jesus erschütterte nun doch die Leute. So brutal hatten sie es nicht gewollt.
Die Protokolle der Zeugen machten Schlagzeilen. Folgendes war passiert:
Nachdem Jesus gewaltsam aus dem Gefängnis geschleppt worden war, fesselten seine Entführer ihm die Hände und Füße, verbanden ihm die Augen, hängten ihm die Robe eines Richters um und drückten ihm einen „Hut" aus Stacheldraht auf den Kopf, so daß das Blut an seinem Gesicht herunterlief.

Im Versteck der Entführer wurde ein Feuer angemacht, Jesus wurde auf einen alten Küchenstuhl gesetzt, und die Mitglieder der Gruppe verbeugten sich vor ihm. Es hätte ihnen anfangs großen Spaß gemacht, sagten sie, aber weil der Gefangene alles mit sich machen ließ und keinen Widerstand zeigte, hätten sie damit aufgehört und hätten sich neue und brutalere Dinge ausgedacht. Offensichtlich hatte keiner der Beteiligten einen klaren Plan gehabt.

Schließlich zogen sie ihm die Robe wieder aus und seine eigenen Kleider an und kamen auf die Idee, eine Kreuzigung zu inszenieren. Sie sägten einen dicken, schweren Ast ab und zwangen einen harmlosen Spaziergänger, der mit seinem Hund gerade eine Runde drehte und sie beobachtet hatte, den Ast zu einem Baum zu tragen. Der Mann ist verheiratet, hat zwei Söhne und wohnt seit zehn Jahren in Berlin.

Dann holte einer aus der Gruppe den Küchenstuhl, nagelte den Ast im rechten Winkel an den Baum, und gemeinsam schleppten sie Jesus her, der schon ziemlich geschwächt war und unter Schlafmangel litt.

Sie stellten Jesus auf den Stuhl und trieben große Zimmermannsnägel durch die Stelle unterhalb der Handballen und durch die Füße. Der Gefolterte stöhnte nur leise und schrie kaum. Vielleicht war er auch schon zu schwach dazu.

Als sie die Kreuzigung beendet hatten, kam einer auf die Idee, einen Zettel über dem Kopf anzubringen, auf den er die Bezeichnung ‚Jesus Supermann' schrieb. Damit alles stilvoll aussehen sollte, wurden noch zwei lebensgroße Puppen an die Bäume rechts und links genagelt. Dazu nahmen sie alte Kleider, die sie mit Gras und Blättern ausstopften.

Einer aus der Gruppe, dem der Gefangene leid tat, holte eine Coladose und ließ Jesus daraus trinken, weil er offensichtlich durstig war. Aber die anderen stießen ihn zurück und wurden richtig wild, tanzten wie wahnsinnig um die Kreuzi-

gungsgruppe herum und grölten durch den Wald. Jemand schrie: „Anderen konnte er helfen, nur sich selbst nicht."
Ein anderer stellte sich direkt vor den Gefolterten hin und sagte: „Okay, wenn du dich hier befreien kannst, dann bin ich dein Mann!" Er wartete und sagte: „Na, was ist?"
Als sich Jesus nicht rührte, lachte er und sagte: „Er hat seine Chance gehabt. Ich hätte echt meinen Hut vor ihm gezogen, wenn er ein kleines Wunder getan hätte, aber so... tut mir ehrlich leid."
Die anderen lachten nur, standen herum und tranken Bier.
Die ganze Sache, sagte einer der Verurteilten später, sei ihnen dann irgendwie unheimlich vorgekommen, vor allem, weil sich gegen Mittag der Himmel mit Wolken bezog, so daß es richtig dunkel wurde. Es muß wohl auch mit einer teilweisen Sonnenfinsternis zusammengehangen haben, meinte er. Dieser Eindruck stimmte, denn es war von den Meteorologen tatsächlich zu diesem Zeitpunkt eine Sonnenfinsternis angekündigt worden.
Als dann der Gefolterte anfing, mit röchelnder Stimme zu rufen: „Mein Gott, warum hast du mich verlassen?" und einer der Umstehenden zögernd nähertrat und ihm noch einmal Cola zu trinken geben wollte, schrie Jesus auf und starb.
Ein Gewitter brach los, und die Gruppe wurde von Panik erfaßt. Man nahm Jesus schnell von seinem Kreuz herunter und versteckte ihn im Gebüsch.
Einer von den Anführern meinte noch, als sie im strömenden Regen den Wald verließen: „Verdammt, vielleicht ist an der ganzen Sache von dem Typ doch etwas drangewesen."
Später hörte man in den Nachrichten noch eine seltsame Sache: In der Gedächtniskirche sei am selben Tag ein großer Riß sichtbar geworden, und Bruchstücke der blauen Glasfenster hätten auf der Straße gelegen, so daß man ungehindert auf den Altar der Kirche blicken konnte.

Ein paar Frauen, die schon länger zum Freundeskreis des Mannes aus Kassel zählten, hatten übrigens von der Entführung Wind bekommen, und nach längerem Suchen hatten sie gesehen, wohin er gebracht worden war. Sie kehrten daraufhin um und alarmierten die Polizei, die aber dann zu spät kam und nur noch die Leiche entdeckte.

Die Sache mit der Hinrichtung verbreitete sich in Windeseile, und schon eine Stunde später meldete sich ein reicher Geschäftsmann bei der Polizei, ein gewisser Josef Arimatti, der ein heimlicher Verehrer des Opfers war. Seine italienischen Vorfahren hatten vor hundert Jahren eine Familiengruft in Berlin gebaut, und Arimatti bat die Behörden darum, Jesus in seiner Familiengruft beisetzen zu dürfen. Es sei für ihn eine besondere Ehre, meinte er. Er bekam eine vorläufige Zusage, aber vorerst sollte die Leiche noch nicht freigegeben werden, bis alle Untersuchungen abgeschlossen waren. Nach ein paar Tagen wurde dann die Leiche aus dem Kühlhaus in die Familiengruft überführt mit der ausdrücklichen Auflage, daß Jesus unter Ausschluß der Öffentlichkeit beigesetzt werden sollte. Man wollte jedes Aufsehen vermeiden.
Josef Arimatti und einige Freunde des Verstorbenen, darunter auch die Frauen, die den Entführern gefolgt waren, führten die Zeremonie in aller Stille durch. Aber ganz konnte man doch nicht verhindern, daß die Presse auftauchte. Arimatti hatte auf den Metallsarg mit gelber Farbe einen Davidsstern gemalt, und dieses Bild ging später um die Welt.
Nach der kurzen Zeremonie wurde dann das schmiedeeiserne Gitter der Familiengruft verschlossen.
Maria-Lena und eine andere Maria, die bei der Beerdigung dabeigewesen waren, merkten sich den Ort, weil sie am nächsten Tag noch einmal in Ruhe am Grab sein wollten, um Blumen zu bringen und bewußt Abschied zu nehmen.

16

Als die Nacht vorbei war und es anfing zu dämmern, ging Maria-Lena in ihren Garten, schnitt ein paar Blumen ab, und zusammen mit der anderen Maria und einer Freundin fuhren sie mit dem Auto durch die stillen Straßen Berlins zu der Familiengruft, um Jesus die letzte Ehre zu erweisen.
Es war ein Sonntagmorgen, und als sie anhielten, ging eben die Sonne hinter den Häusern auf.
Unterwegs war ihnen eingefallen, daß sie ja gar nicht in die Familiengruft hineingehen konnten, weil sie verschlossen war und man Josef doch so früh nicht wecken konnte.
Aber als sie ankamen, entdeckten sie, daß das schwarze Eisengitter weit offenstand, und sie sahen zu ihrer Bestürzung, daß der Deckel des Metallsargs auf dem Boden lag und ein junger Mann in einem hellen Sommeranzug auf dem Sarg saß und sie anblickte.
Maria ließ vor Schreck die Blumen fallen und schrie auf, und ihre beiden Begleiterinnen blieben vor Entsetzen stehen und waren wie gelähmt. Aber der junge Mann redete sie freundlich an: „Keine Angst", sagte er, „ihr sucht bestimmt Jesus, den sie gefoltert und ermordet haben. Er ist lebendig und ist gar nicht mehr hier. Seht her! Hier hat er gelegen, der Sarg ist leer. Am besten, ihr kehrt um und benachrichtigt seine übrigen Freunde und besonders Simon. Sagt ihnen, daß Jesus ih-

nen schon voraus ist und daß sie ihn in der Nähe des Bodensees treffen werden. Er hatte es ihnen ja angekündigt."
Da drehten die Frauen sich um und rannten zu ihrem Auto. Der Schreck saß ihnen noch in den Gliedern. Sie sagten: „Bloß weg von hier!"
Zum Glück war auf der Straße um diese Zeit nicht so viel Verkehr, sonst hätten sie wahrscheinlich einen Unfall gebaut. Sie wagten es nicht, irgendeinem Menschen davon zu erzählen, denn sie hatten Angst bekommen.

Das war also die erste Reaktion auf die Auferstehung, aber es passierte noch viel mehr. Zusammenfassend läßt sich folgendes sagen:
Nachdem Jesus lebendig geworden war, zeigte er sich zuerst Maria-Lena. Sie war ja vor einiger Zeit von Jesus geheilt worden, nachdem sie sieben Suizidversuche hinter sich hatte. Manche Leute behaupten, sie sei an jenem Sonntagmorgen nicht wie die anderen geflohen, sondern am Grab zurückgeblieben, andere sagen, sie sei später noch einmal zurückgekommen. Wie dem auch sei, jedenfalls traf sie Jesus, und daraufhin suchte sie die übrigen Freunde auf, die noch immer um Jesus trauerten und weinten, und erzählte ihnen, daß sie den lebendigen Jesus gesehen und mit ihm gesprochen habe. Aber keiner glaubte ihr.
Dann zeigte sich Jesus zweien seiner Freunde, die zu Fuß unterwegs waren. Wie die Frauen suchten diese zwei die anderen Gefährten auf und erzählten ihnen von ihrer Begegnung. Aber sie stießen auf ungläubiges Kopfschütteln.
Später besuchte Jesus seine elf engsten Freunde, während sie zusammen Abendbrot aßen, und fragte sie, warum sie sich denn in ihrer Trauer abgekapselt und den Frauen und Männern, denen er begegnet war, nicht geglaubt hätten. Als sie endlich begriffen, daß Jesus wirklich lebte, sagte er zu ihnen:

„Diese Nachricht, daß der Tod überwunden werden kann und daß Gott die Welt nicht aufgibt, sondern alle Menschen liebt, das sollte in der ganzen Welt bekannt werden. Und wendet euch nicht nur den Menschen zu, sondern allen Geschöpfen dieser Erde.
Wer Gott vertraut und sich in der Taufe mit ihm verbindet, der wird spüren, daß das der einzige Weg ist, in dieser Welt in Zukunft zu überleben, wer aber Gott nicht vertraut, wird keine Kraft zum Überleben haben und sich sein eigenes Urteil sprechen.
Denkt daran, das Vertrauen zu Gott setzt ungeheure Kräfte frei, das habt ihr ja schon bei mir gesehen: Menschen, die innerlich kaputtgehen und zu Unmenschen werden, können befreit werden, wenn ihr so wie ich Vertrauen und Liebe verbreitet. Die Gott vertrauen, finden neue Worte, wo anderen nichts mehr einfällt. Die Gott vertrauen, können sogar in einer Welt, die falsch und voller Gift ist, überleben. Von denen, die Gott vertrauen, gehen wohltuende Wirkungen aus, so daß Kranke heil werden."
Nachdem Jesus das alles gesagt hatte, trat er in die unsichtbare Welt Gottes ein.
Seine Freunde konnten ihn nicht mehr sehen, aber sein Einfluß auf dieser Erde blieb sichtbar, denn seine Gefährten fingen an, Gottes Liebe und sein Vertrauen überall hinzutragen mit Worten und auch mit Taten, Zeichen einer neuen Welt.

Quellen und Leseanregungen

Nestle-Aland, Novum Testamentum Graece, Deutsche Bibelstiftung, Stuttgart 1969

Rienecker, Sprachlicher Schlüssel zum griechischen Neuen Testament, Brunnen, Gießen 1970

J. Green, The Interlinear Greek Bible, Trinitarian Bible Society, London 1981

A. Schmoller, Handkonkordanz zum griechischen Neuen Testament, Württembergische Bibelanstalt, Stuttgart 1963

Rückübersetzung des Neuen Testaments in die hebräische Sprache, The Bibel Society, Israel Agency 1970

Jerusalemer Bibel, Herder, Freiburg 1979

Strong's Exhaustive Concordance with dictionary of Hebrew and Greek Words, Michigan 1978

Markuskommentare:

Neues Testament Deutsch von Eduard Schweizer, Vandenhoeck & Ruprecht, Göttingen 1973

Gnilka, Das Evangelium nach Markus, Evangelisch-Katholischer Kommentar zum Neuen Testament, Neukirchener Verlag, Neukirchen 1979

E. Drewermann, Das Markusevangelium, Teil 1 und 2, Walter, Freiburg 1989

Eta Linnemann, Gleichnisse Jesu, Vandenhoeck & Ruprecht, Göttingen 1975

Theologie und Dogmatik:

L. Goppelt, Theologie des Neuen Testaments I und II, Vandenhoeck & Ruprecht, Göttingen 1975

Hans-Joachim Kraus, Reich Gottes, Reich der Freiheit, Neukirchen 1975

Emil Brunner, Dogmatik II, Zürich 1972

Paul Tillich, Systematische Theologie, Band II, Evang. Verlagswerk, Stuttgart 1973